CÉLESTE

JARDINEZ AVEC LA LUNE 2024

Rustica éditions

Sommaire

La météo de votre jardin 88

Les tableaux des cultures 106

Pour visionner les vidéos

Téléchargez gratuitement l'application adaptée à votre smartphone ou votre tablette et flashez les QR codes. Vous pouvez également utiliser les liens présents dans le livre pour regarder les vidéos sur votre ordinateur.

Chaque vidéo proposée est en rapport avec un geste à réaliser dans la semaine, surligné en jaune dans le calendrier lunaire.

BIBLIOGRAPHIE

- Bertrand (Bernard), Collaert (Jean-Paul), *Purin d'orties et compagnie*, Éditions de Terran, 2003.
- Garnaud-d'Ersu (Valérie), *Le Calendrier du jardin, plante par plante*, Éditions Rustica, 2004.
- Lamontagne (Jean-Claude), *Les Plantes aromatiques*, Éditions Rustica, 2001.
- Renaud (Victor), *Parasites : les traitements bio*, Éditions Rustica, 2009.
- Renaud (Victor) et Dudouet (Christian), *Le Traité Rustica du potager*, Éditions Rustica, 2011.
- Rey (Hans Augusto), *Sachez lire les étoiles*, Éditions Maritimes et d'Outre-mer, 1991.
- Saintyves (Pierre), *L'Astrologie populaire*, Éditions du Rocher, 1989.
- Schimmele (B.), *Cultures associées*, Mouvement de culture biodynamique, Colmar.
- Trédoulat (Thérèse), *Le Guide pratique du BioContrôle*, Rustica éditions, 2021.
- Wagner (Hans), *Le Poireau préfère les fraises*, Terre Vivante, 2001.

Avant-propos

Fidèle au rendez-vous votre *Jardinez avec la Lune* vous donne comme chaque année les périodes lunaires pour effectuer au fil des mois tous les gestes au potager ou au jardin d'ornement. Vous connaîtrez ainsi les bonnes dates pour semer, repiquer, puis planter des salades, installer l'ail blanc ou violet, greffer les arbres fruitiers ou bouturer les arbustes à fleurs.

Dans les nouveaux textes concernant la permaculture, vous trouverez notamment des conseils pour démarrer et entretenir un tas de compost. Le tri des déchets organiques devenant obligatoire à partir du premier janvier 2024, chaque particulier a dorénavant la charge de les recycler pour limiter la quantité d'ordures ménagères à éliminer.

Avec le calendrier et les courbes lunaires, vous visualisez le rythme de l'astre, ses périodes ascendantes ou descendantes, les entrées dans les constellations et les évènements (apogées, périgées, nœuds, éclipses) qui décident de votre programme au jardin. Les tableaux des cultures complètent le calendrier en indiquant d'autres dates favorables aux principaux gestes à réaliser sur une large sélection de plantes et de légumes.

Notez que cette année, tous les horaires de l'ouvrage sont à nouveau mentionnés en heures légales. L'utilisation du calendrier en est facilitée, même si pour plus de précision vous devez ajuster les horaires selon la situation de votre jardin (voir la carte p. 39).

Que cette année jardinière vous procure beaucoup de joies, de convivialité et de belles récoltes à partager !

La Lune et le jardin

LA RESPIRATION DE LA TERRE

La Terre respire selon trois rythmes : une respiration annuelle conduite par le Soleil ; une respiration mensuelle rythmée par la Lune ; une respiration quotidienne, celle de l'alternance du jour et de la nuit.

La respiration annuelle

Suivons la course du Soleil dans la zone tempérée de l'hémisphère Nord. Nous comprendrons ensuite parfaitement la course de la Lune et ses effets, base de notre calendrier.

L'hiver et le printemps

Au solstice d'hiver le 21 décembre, jour le plus court de l'année (8 h 10 min), le Soleil se lève à l'extrême sud-est de sa course et décrit dans le ciel son arc le plus court. Il se couche à l'extrême sud-ouest pour la nuit la plus longue (15 h 50 min). S'il cessait de briller, nous verrions apparaître derrière lui la très belle constellation du Sagittaire, constellation la plus basse à l'horizon sud. Toute végétation semble absente ou endormie. La terre prépare son renouveau. La nouvelle année solaire commence.

De ce jour le plus court au solstice d'été le 20 juin, jour le plus long (16 h 07 min), le Soleil monte de plus en plus haut dans le ciel. Du Sagittaire, la constellation la plus basse, au Taureau, la constellation la plus élevée, pratiquement au zénith, il est ascendant. Durant ces six mois, la terre, jour après jour, très lentement, se réchauffe. À mesure que le Soleil monte dans le ciel, que les jours rallongent, la sève se manifeste dans l'ensemble du monde végétal.

Nous assistons à une véritable résurrection de la nature qui va progressivement guider les multiples travaux de jardinage : taille fruitière et d'ornement, façonnage de la terre, semis, repiquages, etc. Avec juin se terminent la grande poussée de la végétation et la saison des semis d'été. Celle des récoltes va commencer.

L'été et l'automne

Au solstice d'été le 20 juin, le Soleil amorce sa courbe descendante. Ses rayons chauds deviennent desséchants. Les jours diminuent. Les récoltes battent leur plein et la terre commence à se dénuder. La montée de la sève se calme. Les feuilles des arbres se dessèchent.

Après l'équinoxe d'automne qui a lieu le 22 septembre, vous pourrez peu à peu commencer à travailler le sol pour préparer la prochaine année.

À chaque récolte, la terre s'appauvrit des légumes et fruits donnés. Il faut lui refaire une santé par un apport de compost affiné, de fumures vivifiantes, d'engrais verts dynamisants.

Dans son inspiration profonde, la terre absorbe tous les éléments fertilisants et rééquilibrants que vous lui apportez pour sa reconstruction. La sève redescend dans les racines. Les feuilles s'envolent. Les jours diminuent de plus en plus, l'hiver arrive. Le Soleil, en bas du cycle, retrouve le Sagittaire et un souffle nouveau pour repartir !

Ce sera pour vous le moment de choisir les jours calmes et cléments pour planter les vivaces, les arbres et arbustes à racines nues.

POSITION DE LA TERRE PAR RAPPORT AUX CONSTELLATIONS DU ZODIAQUE

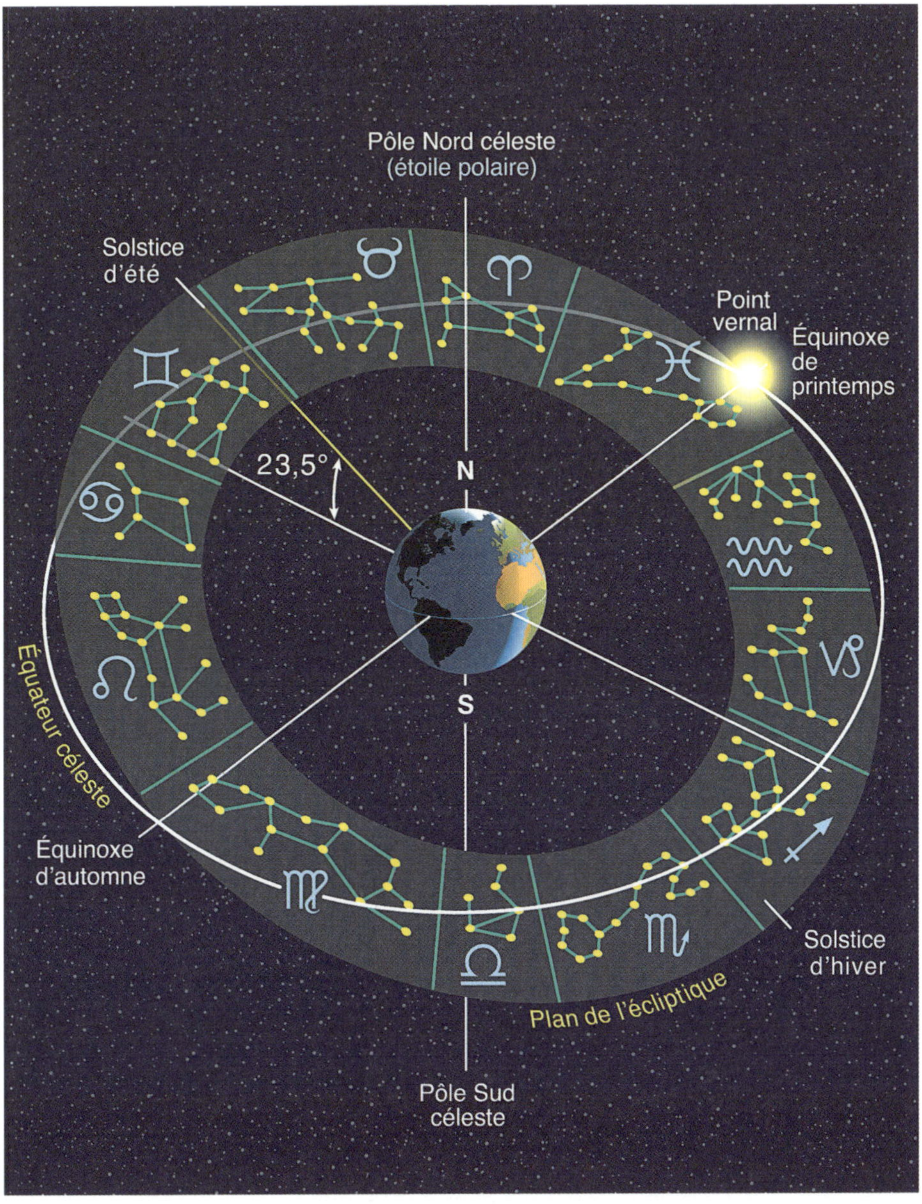

La respiration mensuelle

La Lune fait le tour de la Terre en un mois lunaire d'environ 27 jours. Exactement à l'image du Soleil en une année, elle passe devant chaque constellation du zodiaque et exerce une influence très importante sur la Terre. L'exemple le plus spectaculaire de son action est donné par le phénomène des marées – hautes quand la Lune est à la verticale (zénith ou nadir), basses quand elle est à l'horizon (est ou ouest) –, sensible également à l'intérieur des terres comme le prouvent de multiples expériences conduites par des équipes scientifiques de nombreux pays (Allemagne, États-Unis, Angleterre, etc.).

Regardez le ciel chaque jour. Quand la Lune est là, localisez-la dans votre environnement. Prenez des repères : un arbre, une maison, une colline, etc. D'un jour à l'autre, vous la verrez soit monter, soit descendre…

L'almanach du facteur vous donne les heures quotidiennes des levers de la Lune (chaque jour, en moyenne, une heure plus tard que la veille).

Lune montante : le printemps lunaire

Durant treize jours et demi, la Lune est **montante** de la constellation du Sagittaire, la plus basse, à celle du Taureau, la plus élevée. Elle suit le chemin parcouru par le Soleil du 21 décembre au 20 juin. Pendant cette période, la sève monte dans tous les végétaux et gonfle la partie aérienne des plantes. Voici le moment de prélever des greffons (en les gardant à bonne température jusqu'au moment de greffer), de semer, de récolter les légumes-feuilles, les fruits qui seront juteux à souhait et de couper les fleurs à bouquets.

Prenez comme repère un point fixe, ici un arbre, et notez l'heure. Regardez le lendemain, deux heures plus tard. Si la Lune est plus haute, elle est montante, si elle est plus basse vers l'horizon, elle est descendante.

Lune descendante : l'automne lunaire

Inversement, durant treize jours et demi, la Lune est **descendante** de la constellation du Taureau à celle du Sagittaire et vous la voyez jour après jour descendre dans le ciel toujours plus bas vers l'horizon.
Elle suit le chemin parcouru par le Soleil du 20 juin au 21 décembre. La sève redescend dans les racines. Comme en octobre, la terre absorbe : c'est le moment de planter, de repiquer, d'épandre du compost et des engrais organiques, et de tailler. La reprise des plantes est facilitée, l'enracinement se fait en profondeur ; la terre absorbe bien les fertilisants ; les haies supportent la taille sans difficulté et repoussent moins rapidement. Les plaies d'élagage des grands arbres cicatrisent plus facilement.

On appelle révolution sidérale le mouvement ascendant et descendant que la Lune décrit en une durée de 27 jours, 7 h, 43 min, 11 s. **C'est ce mouvement montant et descendant qui nous intéresse au jardin.**

Lune croissante, Lune décroissante

Un autre cycle s'effectue également en un mois, plus exactement en 29 jours, 12 h, 44 min, 2 s. C'est la révolution synodique. **Nous n'en tenons pas compte pour jardiner avec la Lune.**
La Lune est **croissante** de la nouvelle lune à la pleine lune. À la nouvelle lune, elle est en conjonction avec le Soleil qui éclaire sa face invisible et elle disparaît du ciel. Puis on voit une mince faucille qui croît chaque jour pour devenir le premier quartier et aboutir à la pleine lune.
La Lune est **décroissante** de la pleine lune à la nouvelle lune. À la pleine lune, elle est entièrement éclairée par le Soleil et apparaît toute ronde. Elle décroît ensuite chaque jour pour disparaître entièrement à la nouvelle lune.

Attention ! **Ne confondez pas lune montante et lune croissante, lune descendante et lune décroissante.**

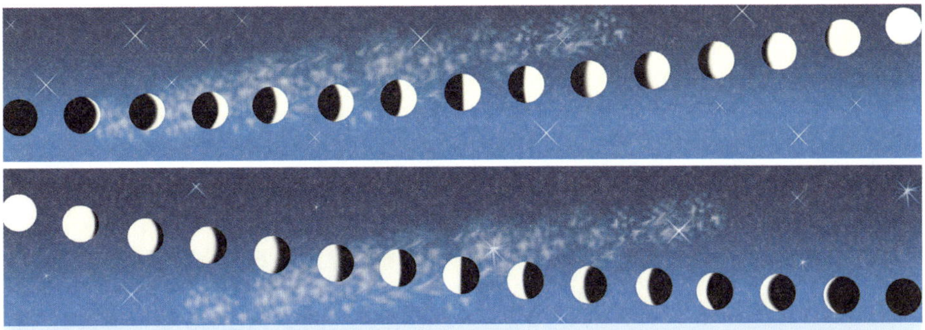

En haut, la Lune croissante débute avec la nouvelle lune, invisible dans le ciel, puis passe par le premier quartier et se termine à la pleine lune. Le croissant grossit un peu chaque jour jusqu'à former un globe. En bas, elle est décroissante de la pleine lune à la nouvelle lune en passant par le dernier quartier.

La respiration quotidienne

S'il vous est arrivé de faire du camping sauvage en forêt, vous avez été immanquablement éveillé par un merveilleux déchaînement de chants d'oiseaux une heure ou deux avant le lever du soleil. L'air se refroidit, l'humidité s'accroît, les plantes aussi s'éveillent, s'ouvrent à la rosée du matin. La sève gonfle les végétaux.

Dans la matinée, quand toute l'humidité de surface a disparu, le moment est venu de faire vos semis, de cueillir les salades, les épinards, les cornichons, tout ce qui se récolte au-dessus du sol. Puis, entre 12 h et 15 h, un silence se fait. La terre s'intériorise à nouveau, les forces descendent vers les racines. Vient le moment de planter, de repiquer, de récolter les légumes-racines et enfin d'arroser quand le soleil est couché. Les plantes s'endorment. Respectons leur sommeil.

La Lune et la tradition

La Lune, cet astre quotidiennement changeant, a toujours intrigué les humains qui ont cherché à établir des correspondances entre ses phases et la météorologie, la santé, les naissances, les animaux, les plantes, etc. Si vous êtes amateur de cueillette de champignons et si les conditions sont favorables à la récolte (saison, humidité), inutile d'en chercher à la nouvelle lune. Ils sont alors en gestation et commencent à apparaître vers le cinquième jour pour être tendres, charnus, magnifiques à la pleine lune ou un peu avant. Ils poussent ensuite plus lentement et se dessèchent peu à peu.

LES CONSTELLATIONS DU ZODIAQUE

Dès les temps préhistoriques, l'homme a étudié les étoiles. Les premiers témoignages nous viennent des bergers chaldéens qui savaient lire dans le ciel l'heure de la nuit, la direction à prendre et la saison, résultat de méditations de nombreuses générations.

Les douze constellations

Une certaine zone d'étoiles fixes les unes par rapport aux autres a toujours été

Les révolutions lunaires

Révolution anomalistique

27 jours, 13 heures, 18 minutes et 33 secondes séparent deux passages consécutifs de la Lune à son périgée ou à son apogée.

Révolution draconitique

Entre deux passages successifs de la Lune au même nœud, il s'écoule 27 jours, 5 heures, 5 minutes et 36 secondes.

Révolution synodique

Dès le IIIe siècle avant notre ère, les Babyloniens calculèrent avec précision la durée moyenne entre deux phases lunaires semblables. Ils obtinrent une durée de 29 jours, 12 heures et 44 minutes et déterminèrent ainsi la lunaison, ou mois synodique, avec une erreur de 0,000053 jour !

particulièrement intéressante. Le Soleil, la Lune, les planètes la parcourent éternellement. En reliant certaines de ces étoiles par des lignes imaginaires, l'homme de Mésopotamie et d'Égypte a composé douze animaux plus ou moins étranges, d'où le nom de **zodiaque** (du grec *zôon* : animal, être vivant). Parmi les milliards d'étoiles qui nous entourent, vous reconnaîtrez toujours ces constellations privilégiées sur le chemin parcouru par la Lune. Elles occupent une large bande de 18° autour de la Terre selon une trajectoire appelée écliptique ou ligne des éclipses. Chaque étoile, semblable à notre Soleil, parfois beaucoup plus importante (Aldébaran, l'étoile la plus brillante du Taureau, a un diamètre 36 fois supérieur à celui du Soleil), nous envoie ses rayons lointains et nous bénéficions d'influences spécifiques selon la constellation et la région du ciel. Voyons quelles peuvent être ces influences.

La précession des équinoxes

Entre le 20 et le 22 mars, selon les années, le Soleil franchit l'équateur céleste au point vernal (début du printemps et degré zéro du premier signe du zodiaque, le Bélier). Ce point très précis ne reste pas immobile par rapport aux constellations. Il recule tous les ans de 50 secondes d'arc sur l'écliptique, soit 1° en 72 ans ou un signe de 30° en 2 160 ans. Il est actuellement dans la constellation des Poissons.

Les quatre éléments

De même que la plante est composée de quatre parties – la racine, la feuille, la fleur et le fruit –, les douze régions zodiacales sont chacune en affinité avec l'un des quatre éléments fondamentaux de l'univers – la terre, l'eau, l'air et le feu –, formant ainsi quatre groupes d'impulsions de même nature régulièrement distribuées tout autour de la Terre. Ces impulsions agissent de façon spécifique sur une partie déterminée de la plante.

Au fur et à mesure de son passage devant chaque constellation, la Lune fait jouer ces différentes forces, les capte, les imprègne des siennes propres et les réfléchit sur la Terre comme elle réfléchit la lumière du Soleil. En travaillant le sol, vous le rendez réceptif et l'ouvrez à l'influence du moment accordée à telle ou telle partie de la plante.

L'élément terre

En affinité avec les constellations du **Taureau**, de la **Vierge,** du **Capricorne**, l'élément **terre** agit sur la partie enterrée de la plante : la racine. Enrichissez et préparez votre sol, réalisez les semis, les éclaircissages, les repiquages, les plantations, les binages se rapportant aux légumes-racines quand la Lune passe devant ces constellations de terre. Elles ont une influence sur l'ail, les carottes, les navets, les oignons, les pommes de terre, les radis. Tous ces légumes seront plus résistants aux parasites, de bonne qualité nutritive, gustative et d'un rendement satisfaisant.

LES CONSTELLATIONS DU ZODIAQUE

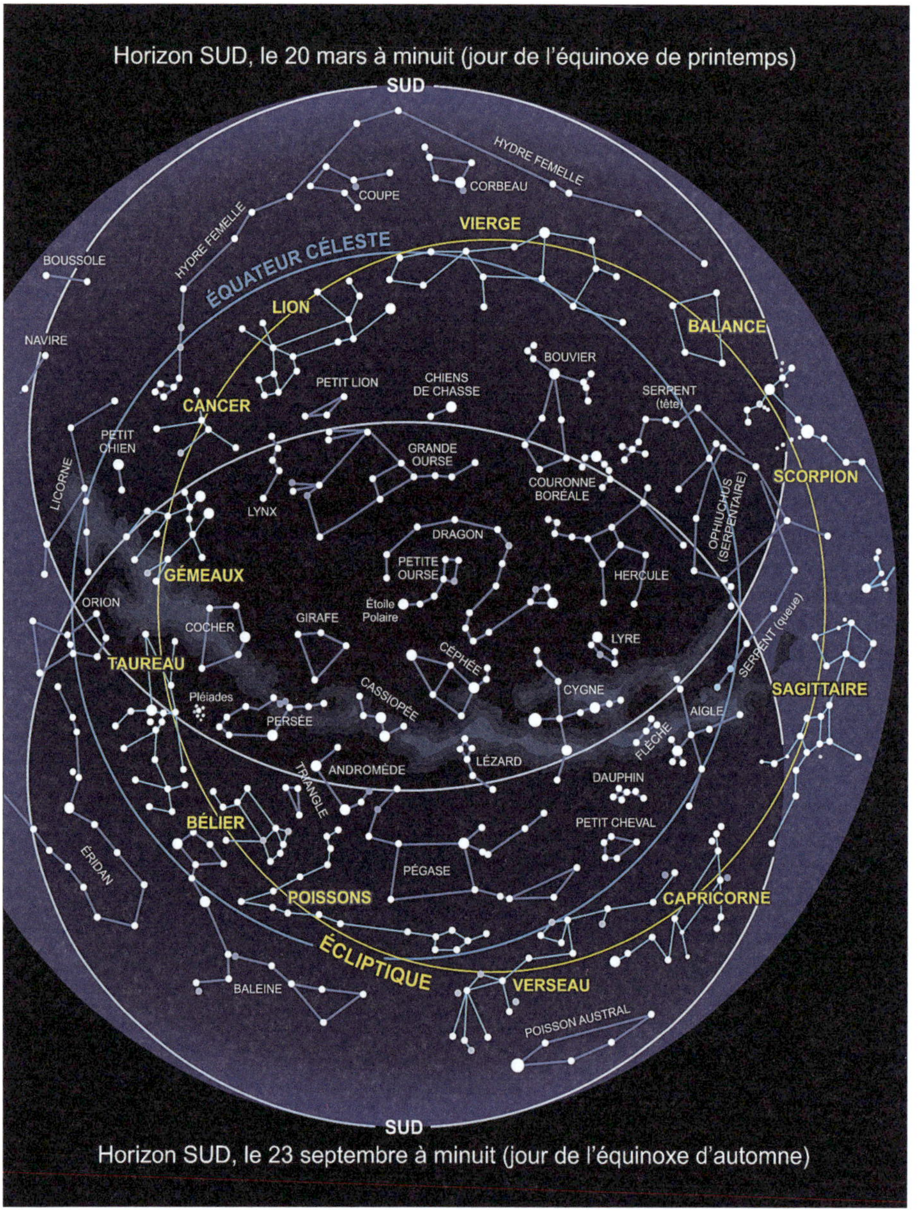

La partie cerclée supérieure représente le ciel le 20 mars à minuit, jour de l'équinoxe de printemps, et la partie inférieure celui du 23 septembre à minuit, jour de l'équinoxe d'automne. Parmi toutes les constellations, suivez celles du zodiaque le long de l'écliptique, chemin éternellement parcouru chaque année par le Soleil et tous les mois par la Lune.

L'élément eau

Animé par le **Cancer,** le **Scorpion** et les **Poissons,** l'élément **eau** joue particulièrement dans les parties les plus aqueuses de la plante : la tige et la feuille.
Vous profiterez des moments de passage de la Lune devant ces constellations d'eau pour soigner vos laitues, épinards, asperges, etc. Vous obtiendrez ainsi de belles et tendres feuilles de salade bien croquantes ou des tiges d'asperges raffinées et goûteuses.

L'élément air

En affinité avec les **Gémeaux,** la **Balance** et le **Verseau,** l'élément **air** s'exprime dans les parfums des fleurs, leur éphémère beauté, leur légèreté. Faites appel à ces constellations pour soigner les fleurs, les artichauts, les choux-fleurs ou les brocolis.

L'élément feu

En accord avec le **Bélier**, le **Lion** et le **Sagittaire,** l'élément **feu** apporte à la plante la chaleur nécessaire à la maturité du fruit, de la graine pour une éventuelle reproduction : abricot, pomme, pois, tomate, haricot.

Cependant, l'observation du ciel vous fera comprendre que certaines constellations sont isolées : les Gémeaux, le Cancer. D'autres se chevauchent presque : le Taureau, le Bélier.

Attention ! **Dans le calendrier, les horaires de passage entre la Lune montante et descendante, ou inversement, et les changements de constellations sont donnés de manière très précise, à la minute près. Lorsque vous jardinez, ne vous précipitez pas dès que l'heure est bonne. Au contraire, prévoyez large, pensez tout d'abord que ces horaires sont donnés pour le méridien de Greenwich, qu'il faut donc les corriger, même en France (voir p. 39). Enfin, prenez plaisir à jardiner, encore plus avec la Lune, alors reposez-vous de temps en temps !**

Des durées variables

Les constellations du zodiaque couvrent des surfaces différentes (voir p.16), ce qui donne des périodes inégales pour jardiner. Ainsi, vous disposerez toujours de plus de temps pour vous occuper des légumes-racines que des fleurs.
Les constellations de terre occupent : Capricorne 28° + Taureau 36° + Vierge 46° = 110° ;
les constellations d'eau : Poissons 38° + Cancer 21° + Scorpion 31° = 90° ;
les constellations de feu : Sagittaire 30° + Bélier 24° + Lion 35° = 89° ;
et **les constellations d'air :** Verseau 25° + Gémeaux 28° + Balance 18° = 71°.

En cas d'infidélité à la Lune

Il n'est pas toujours possible de suivre la Lune en permanence, il peut faire froid, pleuvoir ou votre emploi du temps est trop chargé. Il est alors parfois nécessaire de rattraper le temps en jardinant à des périodes non favorables. Vous pouvez atténuer ces inconvénients en réalisant toutes les autres opérations concernant les plantes en question jusqu'à leur récolte, en périodes lunaires favorables. Essayez surtout de suivre la Lune pour les travaux les plus importants, comme le travail et l'enrichissement du sol, les semis, les plantations, la multiplication des végétaux.

POSITION ACTUELLE DES CONSTELLATIONS DU ZODIAQUE DANS LE CIEL

et signes correspondants de l'astrologie occidentale

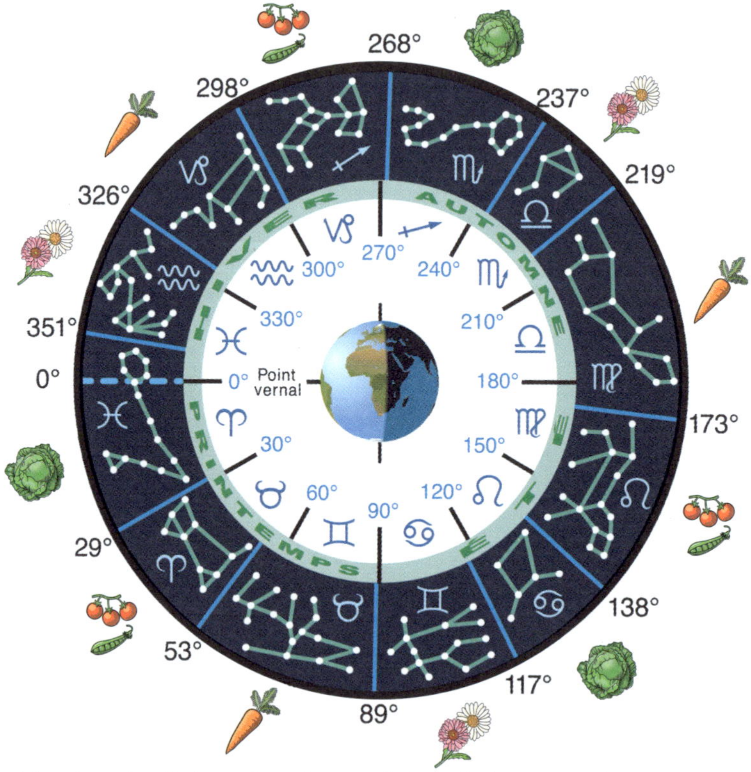

Le cercle intérieur donne les 12 signes du zodiaque, utilisés par les horoscopes. Leur durée est constante, soit 30° pour chacun et ne tient pas compte de leur superficie réelle dans le ciel. Le cercle extérieur figure ces mêmes constellations telles qu'elles peuvent être observées. Leur superficie différente détermine des degrés et des durées variables. Par exemple : la plus petite constellation, celle de la Balance (♎), couvre 237° - 219° = 18°, et non 30° comme tous les signes astrologiques.

Pour jardiner, il est impératif de prendre en compte la durée réelle de chaque constellation, comme le fait notre calendrier.

LÉGENDES

♈ Bélier
♉ Taureau
♊ Gémeaux
♋ Cancer

♌ Lion
♍ Vierge
♎ Balance
♏ Scorpion

♐ Sagittaire
♑ Capricorne
♒ Verseau
♓ Poissons

EXPLICATION DES SYMBOLES

FEUILLES
Constellations d'eau

FLEURS
Constellations d'air

RACINES
Constellations de terre

GRAINES ET FRUITS
Constellations de feu

LES PERTURBATIONS LUNAIRES

À certains moments, la Lune est aussi défavorable. Il faut alors patienter. Ne jardinez pas 5 h avant et 5 h après un nœud lunaire, l'apogée ou le périgée. Attendez encore plus en cas d'éclipse.

Périgée et apogée

La Lune décrit une orbite elliptique dont la Terre occupe un des foyers. À chaque lunaison, elle passe au **périgée**, point du parcours où sa distance est minimale (356 500 km) et sa vitesse la plus grande (15° par jour). Inversement, à l'**apogée**, elle passe au point le plus éloigné (406 700 km) où son rythme est le plus lent (12° par jour). Au périgée, son attraction trop importante donne des plantules étiolées, peu robustes. À l'apogée, elles sont rabougries, tassées, sensibles aux maladies.

De plus, quand la pleine lune ou la nouvelle lune ont lieu au périgée, il y a souvent danger de perturbations au moment de la grande marée, particulièrement à l'équinoxe ou au solstice. Ce fut le cas lors de la tempête des 26, 27, 28 décembre 1999. Autre exemple : le tsunami du 26 décembre 2004 a eu lieu le jour de la pleine lune du solstice d'hiver et l'apogée de la Lune était le lendemain, le 27 décembre.

Vous saurez vous méfier de ces dates : Soleil à l'équinoxe ou au solstice + pleine lune ou nouvelle lune au périgée + coefficient de marée très élevé.

Les nœuds lunaires

Le plan de l'orbite lunaire fait un angle de 5,8° avec le plan de l'écliptique sur lequel se déplace le soleil apparent. La Lune coupe donc ce plan chaque mois en deux points appelés nœuds lunaires, ascendant et descendant. Quand la pleine lune ou la nouvelle lune a lieu au nœud, il y a éclipse de Lune ou de Soleil. Ce sont des moments de perturbation auxquels les végétaux sont particulièrement sensibles. Des semis faits durant ces moments donnent des graines stériles. Vous constaterez que le ciel est souvent blanc, « mou ». Ne jardinez pas 5 h avant et 5 h après. Reposez-vous.

PÉRIGÉE ET APOGÉE

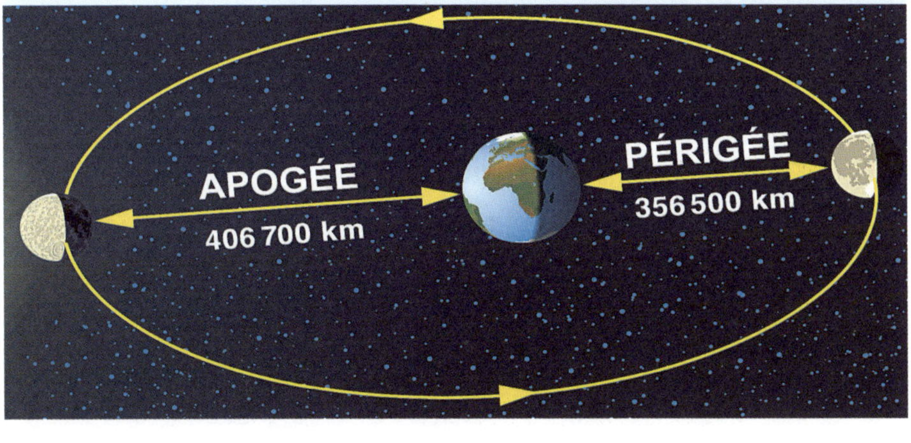

La lune rousse

Si l'influence de la Lune est discutée, celle de la lune rousse, en revanche, a toujours fait l'unanimité. Les textes les plus anciens en témoignent et chacun continue à y prendre garde.

On appelle « lune rousse » la lunaison qui commence en avril et dont la pleine lune a lieu fin avril ou début mai.

Cette année, la lune rousse débute le **8 avril** et se termine le **8 mai**.

En cette période de l'année, le soleil déjà haut reste de plus en plus avec nous (+ 1 h 30 en avril et + 1 h 22 en mai). Quand le ciel est dégagé, le thermomètre indique 19, 20, 24 °C dans la journée : les petites pousses, les fruits en formation se gorgent de chaleur. Mais la terre met très longtemps à se réchauffer. Quand le soleil se couche, le froid se rétablit : la terre n'a pas encore de chaleur à restituer. Progressivement une rosée froide recouvre les végétaux. Elle peut devenir glaciale au lever du jour. Le thermomètre indique alors 4 à 0 °C, voire – 5 °C. Les jeunes espoirs de récolte sont détruits. Les petites pousses prennent une apparence de roussi. Les embryons de fruits deviennent noirs à l'intérieur de l'ovaire. Ne rangez pas vos protections avant la fin de la lune rousse. Elles peuvent toujours être utiles la nuit.

Les éclipses

Si la nouvelle lune a lieu au voisinage d'un nœud (voir p. 17), il y a éclipse de Soleil. Si la pleine lune se produit à un nœud, il y a éclipse de Lune. Les plantes ressentent intensément ces phénomènes. Laissez-les se reposer. Ne jardinez pas ces jours-là.

LES NŒUDS LUNAIRES

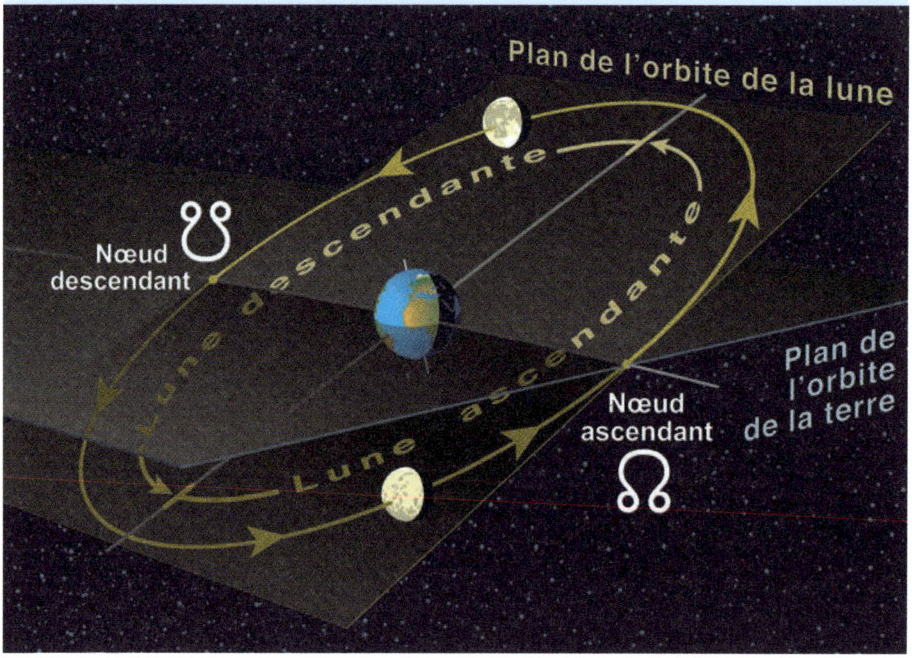

LA LUNE ET LES VÉGÉTAUX

La position de la Lune devant chaque constellation influence plus particulièrement chaque type de plante. Les légumes sont classés en racines, feuilles, fleurs ou fruits selon la partie que nous consommons. Prenons quelques exemples.
La betterave, l'oignon, la pomme de terre sont bien évidemment des racines.
Les salades, le cardon, le chou pommé ou de Bruxelles sont des feuilles. L'artichaut, le brocoli sont des fleurs. Les tomates, les aubergines, les pois sont des fruits, tout comme les céréales et les arbres fruitiers. Pour les plantes d'ornement, les conifères sont des feuilles, les arbustes à fleurs, des fleurs.

RACINE, FEUILLE, FLEUR OU FRUIT ?

Voici une liste non exhaustive des légumes, plantes ornementales ou fruitières que vous adapterez en fonction de celles que vous cultivez.

RACINES	FEUILLES	FLEURS	GRAINES ET FRUITS
Ail	Arbustes d'ornement	Artichaut	Arbres fruitiers
Betterave	Aromatiques	Brocoli	Aubergine
Carotte	Asperge	Chou-fleur	Concombre
Céleri-rave	Cardon	**Arbustes à fleurs**	Cornichon
Cerfeuil tubéreux	Céleri à côtes	– forsythia	Courge
Crosne	Chicorée	– glycine	Courgette
Échalote	Chou de Bruxelles	– lilas	Fève
Endive	Chou pommé	– magnolia	Fraisier
Navet	Cresson	– rosier	Haricot
Oignon	Endive	**Toutes les fleurs**	Lentille
Panais	Épinard	– annuelles	Melon
Poireau	Fenouil doux	– bisannuelles	Pastèque
Pomme de terre	Gazon	– bulbes	Pâtisson
Radis	Laitue	– vivaces	Petit fruit
Raifort	Mâche	…………	Piment
Rutabaga	Oseille	…………	Pois
Salsifis	Pissenlit	…………	Poivron
Scorsonère	Poirée	…………	Tomate
Topinambour	Pourpier	…………	**Céréales**
…………	Rhubarbe	…………	Avoine
…………	Romaine	…………	Blé
…………	Roquette	…………	Maïs
…………	Tétragone		Orge
…………	…………		Seigle
…………	…………		…………

Remarque : la culture de l'endive, appelée aussi chicon ou chicorée Witloof, se fait en deux temps. Le semis a pour but d'obtenir de belles racines, semez donc les graines en Lune montante, à une date-racines. Arrachez-les également un jour-racines, laissez-les ressuyer quelques jours sur le sol. Le forçage a pour but d'obtenir de belles feuilles, à cuire ou pour les salades. Vous replanterez donc maintenant les racines et récolterez les chicons en dates-feuilles.

LES TRAVAUX DE JARDINAGE SELON LA POSITION DE LA LUNE

Mouvement de la Lune	Constellation Nature Étendue	Type de végétaux concernés	Travaux à exécuter
Montante	Sagittaire ♐ Feu		**En Lune montante :** • semez ; • récoltez les feuilles (épinards, laitues), les fleurs (artichauts), les fruits (tomates, petits pois, pommes) ; • prélevez les greffons et greffez.
Montante	Capricorne ♑ Terre - 28°	Racines 	
Montante	Verseau ♒ Air - 25°	Fleurs 	
Montante	Poissons ♓ Eau - 38°	Feuilles 	
Montante	Bélier ♈ Feu - 24°	Graines et fruits 	
Montante	Taureau ♉ Terre		

Depuis quelques années, la déclinaison de la Lune augmente. En 2024, la fin du Taureau se trouve en lune descendante et la lune montante débute dans la constellation du Sagittaire. En suivant notre calendrier, vos travaux de jardinage s'accordent avec le mouvement de la Lune dans le ciel.

Pour profiter des bienfaits de la Lune, vous devez associer une période montante ou descendante selon les travaux à effectuer à une constellation correspondant à la plante. Ainsi, semez vos salades en Lune montante quand la Lune est en Poissons. Plantez un forsythia en Lune descendante quand la Lune passe devant les Gémeaux ou la Balance.

Mouvement de la Lune	Constellation Nature Étendue	Type de végétaux concernés	Travaux à exécuter
Descendante	Taureau ♉ Terre		**En Lune descendante :** • bouturez ; • enrichissez votre sol ; • éclaircissez les semis ; • repiquez ; • plantez ; • récoltez les légumes-racines (carottes, navets...) ; • taillez, pincez ; • divisez ; • marcottez.
Descendante	Gémeaux ♊ Air - 28°	Fleurs 	
Descendante	Cancer ♋ Eau - 21°	Feuilles 	
Descendante	Lion ♌ Feu - 35°	Graines et fruits 	
Descendante	Vierge ♍ Terre - 46°	Racines 	
Descendante	Balance ♎ Air - 18°	Fleurs 	
Descendante	Scorpion ♏ Eau - 31°	Feuilles 	
Descendante	Sagittaire ♐ Feu		

LA PLANTE DANS SON ENVIRONNEMENT

Comment rendre la plante parfaitement sensible et réceptive aux influences de la voûte céleste ? En supprimant les obstacles artificiels que ces forces rencontrent, en veillant à la perméabilité de l'air et surtout en apportant au sol une nourriture facilement assimilable qui permette à la vie cosmique de le pénétrer pour rejaillir dans les feuilles, les fleurs et les parfums de nos jardins.

Rendre le sol réceptif

Pour bien se développer une plante a besoin d'air, de lumière, d'un sol dans lequel elle s'enracine et par lequel elle absorbe l'eau et les nutriments. Ces deux éléments sont d'autant mieux absorbés qu'ils sont présents dans le sol et dynamisés par la Lune. Le jardinier doit donc veiller à renouveler la fertilité du sol avec des engrais qui le respectent tout en agissant aux moments lunaires les plus favorables.

Les forces du cosmos

La plante, seul être vivant fixé au sol, dépend entièrement de son environnement. D'une part, elle élève sa tige vers le ciel captant ainsi la lumière et la chaleur du soleil. D'autre part, elle plonge ses racines dans la terre à la recherche de nourriture, de tout ce dont elle a besoin pour vivre, se structurer, croître, se reproduire : l'eau, les sels minéraux, les forces vivifiantes du cosmos. En effet, la plupart des rayons cosmiques, ceux de la Lune en particulier, n'agissent pas directement sur la plante. Ils sont recueillis par le sol selon son degré de réceptivité et le moment de la lunaison où vous le travaillez, avant d'être absorbés par les racines. D'un sol équilibré, aéré, réceptif dépendent santé et vigueur de nos végétaux. Le jardin est un lieu privilégié où chaque plante est cultivée selon sa nature, pour sa beauté et la qualité de la nourriture qu'elle apporte au jardinier.

L'air et la lumière

La lumière solaire est indispensable au bon développement des plantes, qui pour la plupart en sont extrêmement gourmandes ! Accordez un maximum de soleil à votre jardin, mais n'hésitez pas à planter une haie d'arbustes variés du côté du vent dominant. Elle filtrera l'air ambiant, sera une protection efficace contre les traitements chimiques appliqués aux cultures avoisinantes et abritera les oiseaux qui se nourrissent de pucerons, de chenilles et d'insectes indésirables.

Le sol

Sa composition est toujours particulière. Qu'il soit argileux, sableux, acide ou calcaire, vous devez l'ameublir régulièrement et améliorer sa fertilité en lui apportant des amendements adaptés, des fumures vivifiantes. **Surtout bannissez les engrais chimiques :** outre leurs méfaits dans votre alimentation, ils rendent le sol **imperméable** aux rayons du cosmos, à **l'influence du ciel**. Pour jardiner avec la Lune, il est essentiel de nourrir le sol exclusivement de compost, de fumier à bonne maturité, d'engrais naturels ou verts, de purins de plantes dynamisantes : ortie, consoude, etc. Ne laissez pas votre sol dénudé entre deux cultures. Semez selon la saison trèfle, seigle, vesce, moutarde, etc., qui protégeront vos parcelles des intempéries et les enrichiront de matières organiques.

Améliorer et nourrir le sol

Un jardinier qui utilise les bienfaits de la Lune respecte également son sol et applique les grands principes du jardinage biologique. Il le travaille sans désorganiser le sens de la couche superficielle, l'enrichit avec des matières naturelles qui une fois décomposées seront assimilées par les végétaux sans les doper. Chaque année, il renouvelle sa fertilité dont une partie est utilisée pour produire légumes, fleurs et fruits.

Bien le travailler

Le sol est vivant, il contient des millions de micro-organismes invisibles à l'œil jusqu'aux plus gros « habitants » que sont les vers de terre. En surface se trouvent les micro-organismes aérobies qui ont besoin d'oxygène pour se développer et plus en profondeur les êtres vivants anaérobies. Lors d'un bêchage profond, à la bêche ou au motoculteur, la couche superficielle est inversée avec les micro-organismes qu'elle contient. Ne trouvant plus les conditions favorables à leur vie, ils meurent bien souvent. Or ces minuscules animaux ou bactéries sont les alliés du jardinier tout comme les vers de terre. Ils fragmentent les matières organiques les transformant en humus assimilable par les racines des plantes.

Il est donc indispensable d'adopter des méthodes de travail du sol plus douces en l'aérant sans le retourner. Pour cela, préférez la grelinette, la fourche à bêcher ou la biobêche, des outils utilisés en jardinage biologique. Ils se composent de deux manches parallèles reliés en bas par une barre sur laquelle sont insérées de trois à cinq dents plus ou moins verticales. Il suffit de travailler le sol à reculons, en enfonçant les dents puis de baisser les manches pour effriter et aérer la terre. Recommencez un peu plus loin pour ameublir toute la surface, tout en arrachant les mauvaises herbes à mesure. Pour ameublir le sol en surface et désherber, utilisez vos outils habituels, houe, griffe, serfouette ou binette.

Faire son compost

Recyclez les déchets du jardin ou de la maison. Les déchets secs ou bruns se composent des coupes d'arbustes si possible broyées, des feuilles mortes, les déchets verts et humides proviennent des tontes de gazon, des mauvaises herbes, mais aussi des épluchures de légumes. Ne mettez pas les plantes montées à graines, malades, porteuses de parasites (œufs, larves, adultes) ou épineuses. Évitez systématiquement les coupes de rosiers, les feuilles des fruitiers et les fruits véreux. Entassez les déchets dans un coin du potager ou dans une compostière en alternant les matériaux secs et ceux gorgés d'eau par couches d'environ 20 cm d'épaisseur. Il est préférable que les déchets soient directement en contact avec le sol pour que les vers de terre déjà présents puissent monter dans le tas de compost. Pour accélérer le processus, introduisez des vers de pêche qui vont digérer vos déchets ou du compost déjà mûr qui en contient. Arrosez si besoin et mélangez les couches tous les mois pour accélérer la décomposition. Il est préférable de couvrir le tas pour conserver la chaleur et accélérer le processus de fermentation. Le compost est mûr après une dizaine de mois. Utilisez-le en fin d'hiver en l'incorporant superficiellement au sol du potager, entre les fleurs de vos massifs, dans les trous de plantation des légumes gourmands, des arbres fruitiers, des petits fruits ou lors de vos rempotages de plantes en pots.

Apporter des engrais naturels

De plus en plus présents dans les points de vente, les engrais naturels apportent les mêmes éléments, azote (N), phosphore (P) et potasse (K) que les engrais chimiques, mais avec des matières naturelles. L'azote provient de farine de plumes, de corne, de tourteau de ricin, le phosphore d'arêtes de poisson, de phosphate naturel et la potasse de vinasse de betterave. Ils se décomposent lentement et sont assimilés progressivement. **Les engrais naturels nourrissent le sol en renouvelant sa fertilité puis les plantes en douceur sans provoquer de brûlures.** En revanche, il faut les apporter longtemps à l'avance, soit en automne, soit en fin d'hiver, lors de la préparation du sol. Respectez les dosages précisés sur les emballages. En cours de culture, apportez des engrais plus spécifiques pour les légumes gourmands. Évitez le sang séché et le guano qui ont une action beaucoup plus rapide proche des engrais chimiques « coup de fouet ». Lors de pluies, ils peuvent être lessivés en profondeur avant d'être absorbés par les racines.

Cultiver des engrais verts

Ces plantes sont semées pour améliorer la structure du sol, l'enrichir en matières organiques, le couvrir pour éviter qu'il se tasse sous l'effet des pluies, lutter contre certains parasites ou les mauvaises herbes. Choisissez-les selon la durée de leur culture, leur utilité et la nature de votre sol. Les engrais verts s'intègrent entre la récolte d'un légume et le semis ou la plantation d'un autre au même emplacement s'il y a un écart important, par exemple entre des épinards de printemps et des navets d'automne. Utilisez-les également à partir de la fin de l'été et en automne sur les planches où vous ne cultiverez rien avant le printemps suivant, par exemple entre des tomates et des pois. Ils doivent alors résister au gel. Les engrais verts qui ne sont pas détruits par le gel doivent être coupés en fin de floraison pour qu'ils ne se ressèment pas. Broyez-les et enfouissez-les superficiellement. Ne semez pas un engrais vert de la même famille que celle du légume précédent ou suivant (voir tableau p. 26 sur la rotation des cultures). Voici les engrais verts les plus courants.

Les lupins doux se sèment entre mars et juillet (1 à 2 kg/100 m^2) et s'enfouissent deux mois plus tard. Le lupin blanc préfère un sol frais à lourd, le jaune un sol pauvre et sablonneux.

La moutarde blanche se sème entre mars et août (150 à 200 g/100 m^2), mais ne doit pas précéder ou suivre des choux, navets ou radis. Elle convient à un sol lourd, même calcaire. Sa croissance est rapide, elle lutte contre les nématodes et les mauvaises herbes, mais ne supporte pas le gel.

La phacélie se sème de mars à août (150 à 200 g/100 m^2) et s'enfouit deux mois plus tard. Elle lutte contre les nématodes et ses fleurs font le régal de nombreux butineurs. Elle appartient à une famille différente de tous les autres légumes et peut donc s'intercaler entre eux.

Le sarrasin se sème de mai à août (500 à 600 g/100 m^2), il est détruit par le gel. Utilisez-le en sol acide, même pauvre pour l'ameublir et étouffer les mauvaises herbes.

Le seigle se sème en septembre-octobre (2 kg/100 m^2), parfaitement rustique, il s'incorpore au sol au printemps. Il convient à une terre pauvre, plutôt acide, pour lutter contre les mauvaises herbes. Il peut aussi être associé à la vesce (500 g de seigle et 700 g de vesce pour 100 m^2) dont les vrilles s'accrocheront à ses tiges. Vous enrichirez alors le sol en azote.

Le trèfle blanc se sème d'avril à septembre (50 à 100 g/100 m^2) en sol lourd et frais. Enfouissez-le en automne ou au printemps. Vous pouvez aussi le semer dans les allées que vous tondez.

Pailler le sol

Une autre solution s'offre à vous pour ne pas laisser le sol nu entre les rangs de légumes : étalez-y un paillage. Vous conserverez la fraîcheur entre les pluies ou les arrosages, limiterez la pousse des mauvaises herbes qui s'arrachent bien plus facilement. Vous n'aurez plus besoin de biner ! Certains matériaux permettent aussi d'enrichir ou d'alléger la terre après incorporation. **Attendez que le sol se réchauffe au printemps, généralement courant mai.** Désherbez soigneusement et arrosez par temps sec. Étalez alors le paillage en couche d'environ 5 cm d'épaisseur. Utilisez des tontes de gazon, des paillettes de chanvre ou de lin, des coques de cacao ou de la paille de préférence broyée. Renouvelez la couche régulièrement, notamment pour le gazon qui dure peu, ou à chaque fin de printemps si vous enfouissez le paillage en automne.

Choisir les plantes et leur emplacement

Au fil des années, les anciens jardiniers ont compris que certaines plantes s'entraident et d'autres ne s'apprécient pas. Continuez d'appliquer leurs expériences en plaçant les végétaux par affinité. Vos plantes et légumes seront plus forts, plus résistants aux parasites et aux maladies. Vous traiterez moins voire très peu, il suffit de prendre un peu de temps pour établir chaque année la rotation et les associations. Peu à peu, vous y arriverez plus facilement et serez récompensés par les résultats obtenus. Certains légumes ont besoin d'être pollinisés, semez à côté d'eux des fleurs mellifères.

Attirer les insectes butineurs

Les abeilles (domestiques, solitaires, charpentières), les bourdons et les autres insectes pollinisateurs se font de plus en plus rares et pourtant ils sont si utiles. Semez ou plantez en bordure des allées du potager, entre les rangs de légumes ou sur une planche libre de la bourrache, des cosmos, des œillets d'Inde, de la phacélie ou des soucis. Préférez les variétés à fleurs simples davantage butinées. Prévoyez plus de pieds d'aromatiques que vos besoins et laissez fleurir de la ciboulette, du romarin, de la sarriette, du thym, très appréciés des insectes. En échange, ils visiteront les fleurs de vos légumes-graines et fruits placés à proximité, aubergine, concombre, courge, fraisier, haricot, melon, pois, tomate, etc. Vos récoltes seront donc plus abondantes.

Stimuler la croissance

Sans que l'on sache vraiment comment, certaines plantes semblent favoriser la croissance de leurs voisines. C'est le cas de la bourrache, de la capucine, de l'œillet d'Inde, de la sauge et du tournesol. Ces fleurs sont également utiles pour attirer différents insectes butineurs ou repousser divers parasites. Alors ne vous en privez pas, au contraire, disséminez-les dans votre potager.

Faire tourner les cultures

On appelle rotation la succession des cultures sur une même parcelle du potager. Elle se prévoit selon la durée de culture des plantes et non systématiquement par année civile. Par exemple :

Cette année, divisez votre potager en quatre carrés de même surface. **Dans le carré 1**, semez des pois, des haricots, des fèves qui enrichissent le sol en azote. Après leur récolte, coupez les tiges pour que leurs racines se décomposent en terre. **Dans le carré 2**, mettez des légumes-feuilles, choux, laitues, épinards, etc. **Le carré 3** sera réservé aux racines, pommes de terre, betteraves, navets, etc. **Divisez le carré 4** en deux, n'enrichissez pas la moitié de la surface et cultivez-y les plantes peu exigeantes, les bulbes (ail, échalote, oignon) et certains légumes-feuilles (chou de Bruxelles, mâche) ; dans l'autre moitié, plantez ou semez les légumes gourmands, en apportant du compost, les légumes-fruits (aubergine, concombre, courgette, melon, tomate) et fleurs (brocoli, chou-fleur).

Les années suivantes, faites tourner les légumes dans les carrés. **L'année N + 1**, les légumes-feuilles remplaceront les Fabacées et profiteront de l'azote qu'elles ont laissé ; les légumes-racines succéderont aux feuilles et iront chercher les éléments nutritifs plus profondément ; le carré 3 sera divisé par moitié en légumes peu exigeants et exigeants ; les Fabacées seront cultivées dans le carré 4. **Les années N + 2 et N + 3**, continuez à décaler les cultures dans les carrés, toujours dans le même ordre. **L'année N + 4**, vous cultiverez les mêmes légumes dans les mêmes carrées que l'année N.

Cultivez les plantes qui restent plusieurs saisons en place (aromatiques vivaces, artichaut, asperge, fraisier, petits fruits, rhubarbe, etc.) en bordure du potager, le long des allées, en les plaçant au nord ou à l'ouest, selon leurs besoins en soleil, pour qu'elles ne fassent pas trop d'ombre.

Voici aussi quelques règles à privilégier dans le choix de l'emplacement des cultures pour éviter au maximum les problèmes de carences et de nombreuses maladies :

Respectez le besoin des plantes par rapport à la richesse du sol, certaines sont gourmandes, d'autres moins exigeantes ou sobres ; à sa nature, acide ou au contraire calcaire. **Tenez compte** des voisinages favorables ou défavorables des végétaux (voir tableau p. 27). Enfin, **ne cultivez pas** deux années de suite au même emplacement des plantes de la même famille (voir tableau ci-dessous).

Famille	Aromatiques, céréales, légumes	Engrais verts
Apiacées	Carotte, céleri, cerfeuil, fenouil, panais, persil	
Astéracées	Artichaut, cardon, chicorée, estragon, laitue, salsifis	
Brassicacées	Choux, cresson, navet, radis, raifort, roquette	Colza, moutarde blanche, navette
Chénopodiacées	Betterave, épinard, poirée	
Cucurbitacées	Concombre, courge, melon, pastèque, potiron	
Fabacées	Fève, haricot, lentille, pois	Lupin, luzerne, sainfoin, trèfle, vesce
Hydrophyllacées		Phacélie
Lamiacées	Basilic, crosne, menthe, origan, romarin, sauge, thym	
Liliacées	Ail, asperge, ciboulette, échalote, oignon, poireau	
Poacées	Avoine, blé, maïs, orge, seigle	Avoine, seigle
Polygonacées	Oseille, rhubarbe	Sarrasin
Solanacées	Aubergine, piment, pomme de terre, tomate	

Associer les plantes potagères

Beaucoup de plantes ont une influence les unes sur les autres, certaines s'entraident, d'autres ne s'apprécient pas. S'il est bien connu que les poireaux éloignent la mouche des carottes et les carottes la teigne du poireau et que les laitues adoucissent les radis, découvrez d'autres associations ou plantes à séparer grâce au tableau ci-dessous. Complétez-le par vos propres expériences.

	Ail	Asperge	Aubergine	Betterave	Carotte	Céleri	Chou	Concombre	Courge, courgette	Échalote	Épinard	Fève	Fraisier	Haricot	Laitue	Melon	Navet	Oignon	Poireau	Pois	Poivron	Pomme de terre	Radis	Tomate
Ail		✓		✓	✓							✗	✓	✗	✓				✗	✗		✓		✓
Asperge	✓							✓						✓	✓				✓	✓				✓
Aubergine														✓							✓		✓	
Betterave	✓				✗	✓	✓			✓	✓			✓	✓			✓	✗			✗	✓	✗
Carotte	✓			✗		✓	✓			✓	✓	✓		✓	✓			✓	✓	✓		✗	✓	✓
Céleri				✓	✓		✓	✓				✓		✓	✗				✓	✓		✗	✓	✓
Chou				✓	✓	✓		✓		✗	✓	✓	✗	✓	✓			✗		✓		✓	✗	
Concombre		✓				✓	✓					✓		✓	✓	✗		✓		✓		✗		✗
Courge, courgette												✓		✓	✓	✗		✓				✗	✗	✗
Échalote				✓	✓		✗					✗	✓	✗	✓			✓		✗		✓		✓
Épinard				✓	✓		✓					✓	✓	✓	✓	✓	✓		✓	✓			✓	✓
Fève	✗				✓	✓	✓	✓	✓	✗	✓			✓	✓			✗	✗	✗		✓	✓	
Fraisier	✓						✗			✓	✓			✓	✓			✓	✓					✓
Haricot	✗	✓	✓	✓	✓	✓	✓	✓	✓	✗	✓	✓	✓		✓	✓	✓	✗	✗	✗		✓	✓	
Laitue	✓	✓		✓	✓	✗	✓	✓	✓	✓	✓	✓	✓	✓		✓	✓	✓	✓	✓			✓	
Melon								✗	✗		✓			✓	✓					✓		✗		
Navet											✓			✓	✓			✗		✓				✓
Oignon				✓	✓		✗	✓	✓	✓		✗	✓	✗	✓		✗		✓	✗		✗		✓
Poireau	✗	✓		✗	✓	✓					✓	✗	✓	✗	✓			✓		✗				✓
Pois	✗	✓			✓	✓	✓	✓		✗	✓	✗		✗	✓	✓	✓	✗	✗			✓	✓	✗
Poivron			✓																			✗	✓	✓
Pomme de terre	✓			✗	✗	✗	✓	✗	✗	✓		✓		✓		✗		✗		✓	✗			✗
Radis			✓	✓	✓	✓	✗		✗		✓	✓		✓	✓					✓	✓			✓
Tomate	✓	✓		✗	✓	✓		✗	✗	✓	✓		✓				✓	✓	✓	✗	✓	✗	✓	

✓ : bonne association - ✗ : mauvaise association

Lutter contre les maladies et les parasites

Ne sortez pas votre pulvérisateur dès que des pucerons, des altises ou de l'oïdium apparaissent. Agissez en prévention, en favorisant le développement des insectes auxiliaires, en associant les plantes qui grâce à leurs parfums repoussent de nombreux parasites ou en utilisant des préparations végétales. Employez en dernier des traitements biologiques bien adaptés après avoir identifié le problème.

Favoriser les auxiliaires

Dans un premier temps, apprenez à reconnaître les insectes auxiliaires adultes, mais aussi leurs œufs et larves pour ne pas les éliminer en pensant avoir affaire à des ravageurs. Les chrysopes, les coccinelles et les syrphes sont vos alliés et dévorent de nombreux pucerons. Offrez-leur des fleurs à butiner, des abris naturels ou achetés dans le commerce pour les aider à passer l'hiver sans souffrir du froid, ils seront davantage aptes à intervenir dès les premières attaques printanières. Et surtout, traitez le moins possible. En cas d'attaque de pucerons et en l'absence des premières générations de prédateurs, coupez les parties des plantes les plus atteintes. Les insectes auxiliaires auront le temps de se développer avant les prochaines colonies de pucerons.

Préparer des extraits végétaux

Il s'agit de faire macérer certaines plantes non montées à graines dans de l'eau pendant un temps donné et de les pulvériser pour lutter contre des maladies ou des parasites. Utilisez toujours de l'eau de pluie et des récipients en plastique ou en bois, jamais en métal et de préférence fermés. La conservation de ces préparations étant limitée, préparez-les plusieurs fois au cours de la saison. Deux techniques sont possibles : le purin (ou macération) et la décoction. **Pour les purins** placez les plantes dans de l'eau froide et attendez que les substances solubles se dissolvent. Les purins doivent être filtrés et généralement dilués avant utilisation. Procédez ainsi pour les fougères qui luttent contre les pucerons et les limaces, les orties contre les pucerons et les maladies, le sureau contre les altises, les pucerons, les thrips, les gourmands de tomates, en préventif contre les piérides et la teigne du poireau et en curatif contre les pucerons et les altises. **Pour les décoctions** laissez tremper les plantes pendant une journée, puis faites-les bouillir à feu doux pendant 20 min. Attendez qu'elles refroidissent et filtrez-les. La prêle est bonne contre les maladies, la tanaisie contre les pucerons, les altises, les noctuelles et les piérides.

Recettes

- **Purin d'ortie**
  Laissez macérer 1 kg d'orties fraîches et hachées dans 10 l d'eau de pluie pendant 4 à 5 jours. Filtrez et diluez à 20 % (2 l de purin pour 10 l d'eau) avant de pulvériser.
- **Purin de sureau**
  Coupez 1 kg de feuilles, fleurs, fruits ou jeunes tiges de sureau noir dans 10 l d'eau. Attendez 2 à 3 jours, filtrez et utilisez sans diluer.
- **Décoction de prêle**
  Mettez 200 g de feuilles fraîches coupées dans 10 l d'eau pendant une journée. Faites bouillir pendant 20 minutes, laissez reposer 24 h, filtrez avant de pulvériser la décoction sans la diluer.

Installer des plantes répulsives

Par l'odeur de leur feuillage, de nombreuses plantes repoussent les parasites ou quelques maladies. D'autres végétaux les attirent et évitent les attaques sur les légumes ou les plantes ornementales. Voici, pour une vingtaine de plantes alliées, les parasites ou maladies qu'elles combattent et leurs principales victimes.

Plantes utiles	Contre quoi ?	À installer près de...
Alliacées (ail, ciboulette, échalote, oignon)	cloque mouches	pêcher carotte
Aneth	altises pucerons	chou, navet, radis fève, haricot, laitue, tomate
Basilic	oïdium	concombre, courge
Bourrache	piérides	chou
Capucine	aleurodes mildiou pucerons	aubergine, chou, concombre, tomate tomate chou, concombre, courge, haricot, laitue, poivron, rosier, tomate
Ciboulette	doryphores mouches	pomme de terre carotte
Coriandre	altises doryphores mouches	betterave, chou, navet, radis pomme de terre carotte
Cosmos	piérides	chou
Laitue	altises	chou, navet, radis
Lavande	pucerons	rosier
Menthe	altises piérides	chou, navet, radis chou
Œillet d'Inde	aleurodes altises nématodes piérides pucerons	aubergine, chou, concombre, tomate chou, navet, radis tomate chou concombre, courge, épinard, haricot, poivron
Persil	mouches pucerons	carotte, oignon melon, tomate
Raifort	doryphores rouille	pomme de terre céleri
Romarin	altises mouches piérides pucerons	chou, navet, radis carotte, haricot chou haricot, laitue
Sarriette	altises mouches piérides pucerons	chou, navet, radis haricot chou fève, haricot, laitue
Sauge	altises mouches piérides pucerons	chou, navet, radis carotte chou concombre, courge, laitue
Souci	aleurodes nématodes pucerons	aubergine, chou, concombre, tomate tomate courge, épinard, haricot, laitue, poivron
Tabac d'ornement	aleurodes thrips	aubergine, chou, concombre, tomate glaïeul, pois
Thym	altises limaces piérides	chou, navet, radis courge, épinard, laitue, melon chou
Tomate	altises	chou, navet, radis

PERMACULTURE ET LUNE

En respectant les cycles de vie, en imitant la nature et en partageant les ressources, la permaculture va plus loin que le jardinage biologique. Elle tient bien évidemment compte des influences lunaires.
La préservation du sol et son enrichissement sont des notions chères à la permaculture ce qui le rend plus réceptif aux effets lunaires. Les deux modes de jardinage sont intimement liés l'un à l'autre.

L'approche permacole

Le terme permaculture est utilisé dans les années 1970 par deux auteurs australiens, Bill Mollison et David Holmgren, qui s'inspirent de pratiques plus anciennes. C'est la contraction de l'expression anglaise *permanent agriculture*. Ils en donnent la définition suivante : « La permaculture est une démarche de conception éthique visant à construire des habitats humains durables en imitant le fonctionnement de la nature. » Elle s'appuie sur **trois principes** : prendre soin de la terre, prendre soin des hommes et partager équitablement les ressources.

La permaculture au jardin

Cette méthode de culture ne s'intéresse pas seulement au sol, aux plantes, mais aussi à l'emplacement des différents éléments du jardin (potager, verger, tas de compost...), à la biodiversité des végétaux et des animaux, à réduire et réutiliser ses déchets. Tout est pensé pour rendre le travail moins pénible, réduire les allées et venues, optimiser les productions selon le sol, le climat du potager. C'est une approche globale où chaque élément du jardin se trouve à la meilleure place possible. Cela est plus facile à mettre en œuvre lors de la création du jardin, plus difficile ensuite. Opérez peu à peu en déplaçant certains composants. Voici les grands principes de la permaculture.

Le temps de l'observation

Ne vous précipitez pas pour aménager votre jardin. Au contraire, **prenez le temps** de l'étudier au fil des quatre saisons d'une année complète. Notez les températures minimales et maximales, les endroits rapides à se réchauffer, ceux dont la terre reste longtemps gelée. Apprenez à connaître le sol à divers endroits, ceux dont l'eau s'y écoule plus ou moins vite après une forte pluie ou sèche davantage en été. Observez les plantes sauvages, selon leurs besoins elles indiquent un sol acide, calcaire, riche en azote, tassé, etc. Repérez les coins abrités du vent, leurs directions, leurs forces. Localisez les endroits les plus ensoleillés, les plus sombres. Toutes ces informations vous permettront de déterminer au mieux l'emplacement des divers éléments à installer au jardin.

La disposition des éléments

En permaculture, les composants d'un jardin sont disposés en fonction de l'emplacement de la maison, de l'exposition, de la fréquence des interventions qui y sont nécessaires. Ainsi, **le potager ne se cache plus au fond du jardin**, mais se place au soleil, près de la maison, car il requiert des soins journaliers une partie de l'année. Regroupez-y aussi la serre et le tas de compost. Le poulailler sera aussi à proximité. Les massifs d'agrément seront visibles depuis les fenêtres et la terrasse. Les espaces naturels – mare, haie, bosquet, prairie fleurie –, le verger avec quelques ruches, un carré de céréales, se placent à la périphérie.

Le retour à l'essentiel

Apprenez à ne pas vous disperser en de multiples tâches. Le temps est compté, alors **définissez les priorités**, comme produire, expérimenter de nouvelles cultures, de nouvelles méthodes, faites le point des réussites et des échecs pour agir mieux la prochaine fois. La bonne organisation de l'espace vous aidera à économiser le temps de travail. Gérez aussi les activités au fil d'une année. En automne et en hiver, les actions visent plutôt à améliorer la structure de l'espace ; au printemps et en été, semez, plantez, récoltez, transformez et stockez.

En accord avec la nature

Cela commence par accepter la nature de son sol, acide, calcaire, sec ou frais, riche ou pauvre. Il est très long et difficile de le modifier radicalement, mais plus judicieux de choisir les plantes adaptées. La gamme est suffisamment large pour que chacun y trouve son bonheur, tant au potager, au verger qu'au jardin d'ornement. Des plantes (ail, consoude, fougère, ortie, prêle) soignent ou stimulent d'autres plantes. Le bienfait des décoctions et des macérations n'est plus à prouver. Utilisez-les aussi souvent que possible et à bon escient. Les **préparations biodynamiques** (500 et 501) sont efficaces. Un jardin permacole est accueillant pour la petite faune (micro-organismes, vers de terre, abeilles, syrphes, coccinelles…). Mais en début de création, il peut être nécessaire d'introduire des œufs ou des larves de certains de ces auxiliaires. Allez encore un peu plus loin en devançant la nature. Depuis l'interdiction des produits phytosanitaires chimiques le 1er janvier 2019, les méthodes de lutte faisant appel au **biocontrôle** se développent, notamment la vente de prédateurs parasitoïdes. Divers nématodes, souvent présents dans le sol, mais peu nombreux, luttent contre les limaces, les larves d'otiorhynques, de hannetons ou les carpocapses. Il suffit de diluer une poudre dans de l'eau et d'arroser le sol. Dans un premier temps, les nématodes parasitent les ravageurs qui meurent, puis ils se multiplient eux-mêmes et accroissent donc progressivement leur effet.

Le jardin-forêt

Il s'inspire de la nature, plus précisément du milieu forestier pour créer un espace durable et productif. Il est constitué de plusieurs étages de végétation. Dans un grand jardin, plantez à la périphérie, des arbres d'ornement (érable, saule, tilleul). Ils protègent du vent et apportent des matières organiques grâce à la chute de leurs feuilles. Taillez-les en têtard pour qu'ils laissent filtrer la lumière. La deuxième strate (qui sera la première dans un jardin plus petit) se compose d'arbres fruitiers, pommier, poirier, pêcher, abricotier, cerisier, prunier, formés en tige. Installez ensuite des lianes fruitières (actinidia, mûre, vigne), puis des arbustes fruitiers, amélanchier, argousier, sureau, cornouiller mâle, aronia. Continuez par des buissons de petits fruits, cassissiers, groseilliers, framboisiers, caseille. L'étage suivant est celui des plantes aromatiques et des légumes. Enfin, la strate la plus basse est celle des plantes couvre-sol, comme les fraisiers.

Une production rationnelle

Il ne s'agit pas de tout produire pour être en autosuffisance alimentaire, mais de produire raisonnablement les fruits et légumes en fonction de son climat ou à l'aide d'une petite serre. Il est préférable d'employer au mieux l'espace disponible : la hauteur, avec des légumes ramants, des fruitiers palissés sur les murs de la maison ; le moindre emplacement ou ceux habituellement inutilisés, la place entre les rangs des légumes (cultures intercalaires), les bordures ou les talus. Les surplus éventuels seront transformés, partagés ou échangés avec des amis, des voisins, tout comme des conseils et des méthodes de jardinage.

L'utilisation des ressources

En premier profitez des fruits et des légumes produits, des œufs de vos poules et du miel récolté. Accordez une place importante aux légumes perpétuels qui traduisent parfaitement l'esprit de la permaculture (voir encadrés p. 32). Grâce à la mise en place d'éléments naturels (mare, haie, plantes mellifères, arbustes à baies) le jardin est accueillant pour des batraciens, hérissons, insectes, lézards et oiseaux. Ces alliés sont précieux pour féconder fruits et légumes, et lutter contre les nuisibles. Ils vont réguler naturellement les populations d'indésirables sans que vous ayez à vous en occuper ! Préférez plutôt protéger et attirer tous ces auxiliaires.

La maîtrise de ses déchets

Il ne faut pas seulement **recycler** ce qui peut l'être, mais revoir nos habitudes pour **produire moins de déchets**. Issus du pétrole, les contenants en plastique, terrine de semis, godet, pot, peuvent être remplacés par du journal, des rouleaux de papier toilette, d'essuie-tout pour maintenir les mottes. Des cartons peuvent couvrir le sol avant de mettre en culture un coin de pelouse. Les « mauvaises herbes » seront données aux poules, certaines sont même comestibles et peuvent agrémenter vos repas. Les tontes sèches, les coupes d'arbustes broyées serviront de paillage. Les matières organiques se transforment en compost et fertilisent le sol. Ce qui est produit par le jardin et non consommé y retourne pour renouveler la fertilité du sol.

Légumes perpétuels à cultiver

Ail rocambole, artichaut, asperge, chénopode bon-Henri, chou de Daubenton, crambé maritime, oignon (de Catawissa, rocambole), oseille (commune, épinard), poireau, rhubarbe.

Plantes aromatiques vivaces

Cerfeuil musqué, ciboule (de Chine, commune, de Saint-Jacques), ciboulette, estragon, livèche (ou céleri perpétuel), mélisse officinale, menthe, origan, petite pimprenelle, raifort, romarin, roquette vivace, sarriette, sauge officinale, thym (citron, commun, serpolet)

Le choix de la diversité

Plus la gamme de fruits et légumes cultivés est large, plus les besoins nutritionnels sont couverts. Mais l'intérêt de la diversité ne s'arrête pas là. En associant de nombreuses plantes, elles se protègent entre elles. L'odeur des poireaux repousse la mouche de la carotte, les plantes aromatiques éloignent certains insectes nuisibles. En jardinage biologique et lunaire, ces différentes plantes sont certes associées, mais souvent cultivées en rangs parallèles d'un seul légume. En permaculture, la **butte** étant privilégiée, différentes plantes qui s'entendent et s'entraident sont réparties

La culture sur butte

Sa réalisation demande un travail physique important, mais elle dure plusieurs années et l'entretien est ensuite limité. Prévoyez un grand volume de matériaux. Opérez de la fin de l'automne au milieu de l'hiver, la butte aura le temps de se tasser avant d'être plantée. Orientez-la nord-sud, les deux côtés verront le soleil. Sa largeur ne dépassera pas 1,20 m pour travailler au milieu en tendant les bras. Laissez un large espace entre les buttes. Tracez la surface au sol, ôtez les mottes d'herbe. Retirez la terre arable et réservez-la. Posez 20 cm de rondins et de branchage qui s'imbiberont d'eau quand elle sera en excès et la libéreront ensuite peu à peu pour abreuver les légumes. Humidifiez-les. Placez les mottes de gazon, le côté herbe en dessous, puis une couche de feuilles mortes. Remettez la terre et terminez par au moins 10 cm de compost. Donnez une forme arrondie à la butte, le dessus et les deux côtés se cultivent. Vous augmentez donc la surface totale. Ne laissez jamais la terre nue, paillez entre les légumes, sinon la terre se dessèche trop vite. Renforcez sa base et limitez l'érosion en calant des planches ou posez les dernières mottes d'herbe.

sur toute la longueur d'un même rang. Dès qu'une plante est récoltée, elle est vite remplacée par une autre.

La valorisation de la lenteur

Le jardinier permacole doit savoir être patient, mettre en œuvre une **action douce** pour résoudre à moyen terme un problème immédiat. Laissez faire la nature ou encouragez-la en protégeant, en introduisant des auxiliaires. En retour, vous limiterez votre impact sur l'environnement. Tout est question d'équilibre. Il est absurde de vouloir réduire en totalité une attaque de parasite. Il est préférable de contrôler la population et d'accepter quelques dégâts. Plantez plutôt de jeunes arbres fruitiers, même s'ils ne produiront que dans plusieurs années. Ils s'adapteront plus facilement au sol, s'enracineront mieux et supporteront donc mieux de futurs épisodes de sécheresse.

La collecte de l'énergie

Un jardin permacole se doit de réduire ses dépenses énergétiques et même, si possible, d'en produire plus qu'il n'en consomme. La pose de panneaux solaires sur le cabanon du potager peut être une solution. Le raccordement des descentes de gouttière à des collecteurs d'eau assure une partie des arrosages. Préférez l'utilisation d'outils manuels plutôt qu'électriques. Économisez également votre propre énergie par la bonne disposition des éléments du jardin, par l'utilisation d'une brouette. Fatigant, le travail du sol est remplacé par le semis d'engrais verts, le paillage de la surface entre les légumes.

En permaculture et en biodynamie, tout comme en jardinage avec la Lune, ne jardinez pas aux alentours des apogées, périgées et nœuds lunaires.

DESSINEZ VOTRE POTAGER

Reproduisez votre potager ci-dessous. S'il est grand, utilisez la double page. S'il est petit, dessinez à gauche le plan des cultures en mars-avril et, à droite, le plan des cultures en juin-juillet, après les récoltes de printemps.

Placez le nord. Dessinez les éléments fixes, murs, haies, allées, châssis, les plantes pérennes, petits fruits, aromatiques, asperges, artichauts... Si vous n'en possédez pas, prévoyez les emplacements à la périphérie du potager ou le long des allées, attention à l'ombre des plantes hautes. Divisez la surface qui reste en quatre parties de surface identique. Elles seront occupées par les quatre grandes catégories de légumes, racines, feuilles, fleurs, graines et fruits (voir p. 26). Prévoyez la place de vos légumes en hiver, en respectant les règles de la rotation, les associations favorables ou non et en intégrant des fleurs. Dessinez les rangs sur votre plan, vous n'aurez plus qu'à semer ou planter votre potager le moment venu.

Le calendrier 2024

COMMENT UTILISER LE CALENDRIER

Les pages suivantes vous présentent un calendrier établi pour l'hémisphère boréal et le méridien 0° de Greenwich. Ce calendrier tient compte des influences principales du cosmos, décrites dans le chapitre « La Lune et le jardin » (pp. 8-35). Chaque légume et chaque plante, choisis simplement en exemple, varieront selon vos goûts, vos besoins, le climat de votre jardin, sa latitude et son altitude.

Chaque jour, nous vous suggérons un exemple de geste à faire selon la saison, la position du Soleil, mais aussi celle de la Lune, montante ou descendante, devant telle ou telle constellation, favorable aux racines, aux feuilles, aux fleurs ou aux fruits. Il vous appartient de protéger vos cultures du froid ou du soleil selon le climat de votre jardin et le moment de l'année. Les exemples de semis ou de plantation s'accordent à un climat moyen. Tenez compte du vôtre en particulier, en avançant ou en retardant la période donnée. Ainsi s'il gèle, différez les travaux de plantation, de taille, de traitement.

Important

Il n'est pas toujours possible, pour de multiples raisons personnelles ou climatiques, de choisir le meilleur moment pour faire tel semis ou tel repiquage. Tenez compte en premier du mouvement de la Lune : **faites vos semis en lune montante, les plantations et pincements en lune descendante.** Sachez simplement que vous aurez toujours avantage à vous laisser ensuite guider par notre calendrier pour apporter tous vos soins à ces végétaux. Une page blanche chaque quinzaine vous permet de tenir votre journal quotidien. Notez tout ce que vous faites au jardin : quelle variété de carottes, de haricots vous semez, le jour de la levée des laitues, des pois, le début de la cueillette des tomates, des haricots et aussi la floraison des amandiers, du lilas, de l'aubépine, le chant du coucou, la première cigale, etc.

N'hésitez pas à noter également les fêtes et anniversaires à souhaiter. Telle personne aime telle fleur, telle plante ? Remontez le calendrier et décidez de semer ou de planter cette « fleur » au bon moment ou de faire une bouture de la plante souhaitée.

Ce manuel va être votre mémoire. Il vous permettra de faire des progrès qui vous réjouiront. Plus vous prendrez de notes, plus vous aurez de plaisir à les consulter. **N'oubliez pas que les horaires sont donnés en heures légales.** Reportez-vous page 39 pour ajuster l'heure à votre région.

Les tableaux de cultures

Vous pouvez préférer planifier vos travaux de façon différente et dresser une liste des plantes que vous voulez cultiver en établissant votre calendrier personnel de jardinage selon la Lune.
Les tableaux de culture des plantes vous donnent le maximum de possibilités en vous laissant le choix des dates (voir pp. 108-117).

CALCULEZ VOTRE HEURE

Toutes les heures du calendrier sont maintenant données en heures légales, celle indiquée par votre montre tout au long de l'année. Vous n'avez plus à ajouter 1 h en hiver et 2 h en été aux horaires indiqués. Il vous suffit d'ajuster ces horaires selon la situation de votre jardin par rapport au méridien de Greenwich.

En France

Localisez votre résidence sur cette carte. Les corrections d'heures pour vos travaux de jardinage sont indiquées en minutes, en plus ou en moins, sous chaque fuseau, degré par degré.

Le 2 février, la Lune traverse la constellation de la Vierge jusqu'à 14 h 55, puis entre dans la constellation de la Balance.

- **Si vous habitez Strasbourg,** vous avez 32 min de plus pour planter l'ail rose en sol bien drainé : 14 h 55 + 32 min = 15 h 27.
- **Si vous habitez Quimper,** vous planterez des renoncules plus tôt : 14 h 55 – 20 min = 14 h 35.

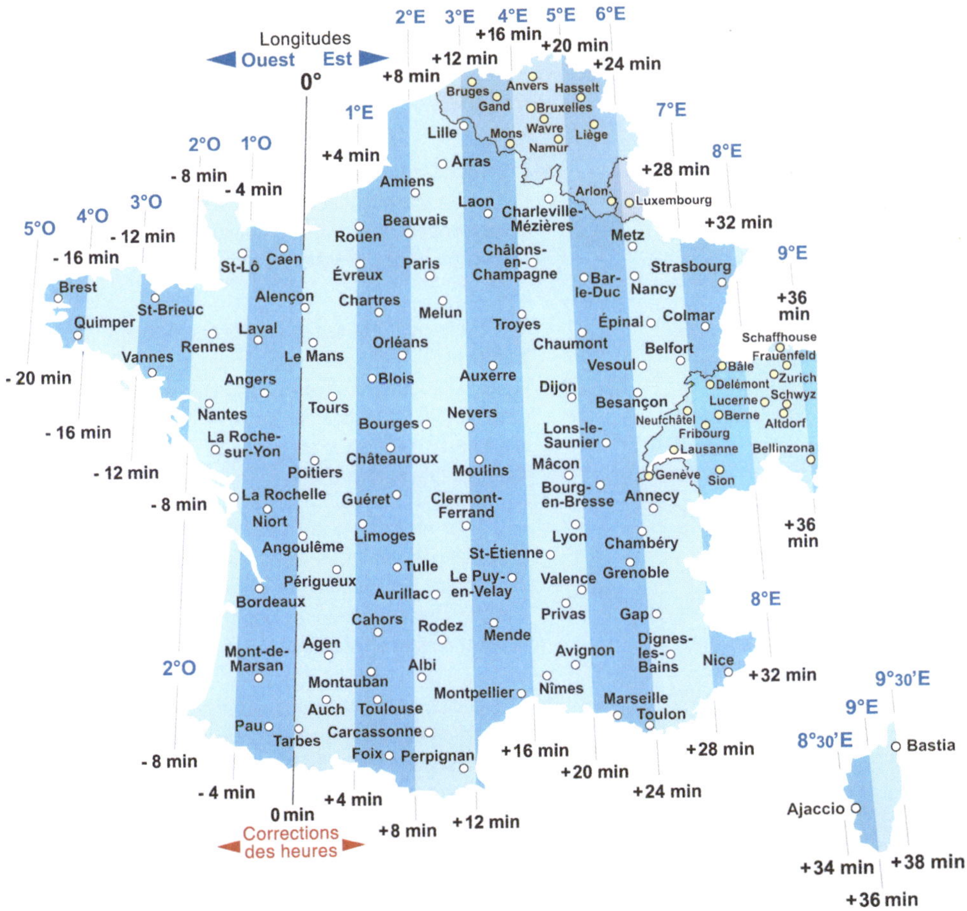

Janvier 2024

Tous les horaires sont donnés en heures légales.

Lune	Événements	Signe	Jour
Lune descendante	⊙ ♐ Apogée 16 h 28	♌	lundi 1 Jour de l'An
		– 11 h 54 –	mardi 2
		♍	mercredi 3
	◑ 4 h 30 ☋ 19 h 52	♍	jeudi 4
			vendredi 5
		– 6 h 25 – ♎	samedi 6
		– 22 h 19 –	dimanche 7
		♏	lundi 8
		– 21 h 03 –	mardi 9
8 h 03 – Lune montante		♐	mercredi 10
	● 12 h 57		jeudi 11
		– 2 h 22 –	vendredi 12
	Périgée 11 h 35	♑ – 22 h 36 –	samedi 13
		♒	dimanche 14
			lundi 15
		– 0 h 04 – ♓	mardi 16

Le 1er, ne jardinez pas après 11 h 20.

Arrachez les rejets de framboisiers trop éloignés des pieds d'origine. Replantez-les ailleurs, en ligne, devant une armature, à 1 m d'écartement.

Le 4, ne jardinez pas après 14 h 45.

En régions douces et en sol léger, drainé, sur une parcelle non fumée récemment, plantez les échalotes longues 'Jermor', 'Longor' et 'Mikor' en les espaçant de 15 cm. Installez l'ail blanc 'Messidor', 'Messidrôme' ou 'Thermidrôme', l'ail violet 'Germidour'. Séparez les caïeux, conservez ceux du tour des têtes. Dans des sillons espacés de 20 cm, placez les caïeux, pointe en l'air tous les 10 à 12 cm. Enterrez peu l'ail et l'échalote, n'arrosez pas.

Travaillez les emplacements des futurs artichauts. Enrichissez le sol avec du compost bien décomposé. S'il ne gèle pas, plantez les arbustes à fleurs. Divisez les primevères, gardez-les sous abri le temps de la reprise.

Préparez le sol de la future aspergeraie. Tous les 80 cm, ouvrez des tranchées de 40 cm de largeur et 25 cm de profondeur. Mélangez du compost mûr au fond et rebouchez. Vous y placerez les griffes en mars-avril.

En toutes régions, semez les pois ronds nains, 'Douce Provence', 'Petit provençal', 'Plein le panier' ou grimpants, 'Caractacus', 'Express à longue cosse', 'Roi des conserves' et les mangetout 'Bamby', 'Norly'. Espacez les rangs de 30 à 40 cm et les grains de 3 cm. Couvrez-les, tassez au râteau et arrosez.

Le 13, ne jardinez pas avant 16 h 40.

Sous châssis, en lignes espacées de 15 cm, semez des poireaux 'Gros long d'été 2', 'Jaune gros du Poitou', 'Electra'. Dispersez bien les graines, fermez les sillons, tassez et arrosez en pluie fine. À récolter en juin-juillet.

Au chaud, en terrine, semez des choux-fleurs 'Sérac' ou 'Neckarperle'. Dispersez les graines et couvrez de terre fine. Tassez avec une planchette et posez une vitre. En serre, en caissette, semez des bégonias semperflorens (sans couvrir les graines), œillets Chabaud et pélargoniums.

Au chaud, semez des laitues pommées 'Appia', 'Reine de mai' et à couper. Couvrez un peu les graines, tassez avec une planchette et vaporisez d'eau.

Les nœuds lunaires ascendants ou descendants et les périodes de lunes montantes ou descendantes correspondent à des notions différentes. Ainsi peut-on avoir un nœud descendant en période de lune montante et inversement.

Vos observations personnelles

PERMACULTURE

Observer avant de planter. Si vous venez d'emménager ne vous précipitez pas pour aménager le jardin. Prenez le temps de repérer les expositions, les endroits où vous passez souvent et qui deviendront des allées, les zones humides ou venteuses. Faites connaissance avec votre sol en identifiant les plantes indicatrices ou avec une analyse. Est-il lourd ou sablonneux, acide ou calcaire, riche ou pauvre ? Les plantes à y installer ne seront pas les mêmes. En choisissant les bonnes, elles seront plus belles, mais surtout plus saines sans intervention de votre part.

ANIMAUX

Nettoyage au rucher. S'il ne gèle pas, taillez les branches qui gênent l'accès vers les ruches ou qui les surplombent. Elles ne doivent pas les toucher et les interventions en seront facilitées. Dégagez notamment le côté est qui correspond à l'entrée des ruches. Vous encouragerez les abeilles à sortir plus tôt si le soleil chauffe la plage d'envol.

Diviser les primevères

https://www.youtube.com/watch?v=rCAsEiuLHsA

Janvier 2024

Lune montante (jusqu'au 23, 4 h 40) — **Lune descendante** (à partir du 23, 4 h 40)

Jour	Signe (changement)	Événements
mardi **16**	♓ (0 h 04)	
mercredi **17**	♓	☊ 15 h 03
jeudi **18**	♈ (8 h 03)	◐ 4 h 52
vendredi **19**	♈	
samedi **20**	♉ (17 h 13)	⊙ ♑
dimanche **21**	♉	
lundi **22**	♉	
mardi **23**	♊ (16 h 17)	4 h 40
mercredi **24**	♊	
jeudi **25**	♋ (3 h 29)	☺ 18 h 53
vendredi **26**	♌ (18 h 09)	
samedi **27**	♌	
dimanche **28**	♌	
lundi **29**	♌	Apogée 9 h 14
mardi **30**	♍ (19 h 23)	
mercredi **31**	♍	☋ 21 h 17

Le 17, ne jardinez pas après 9 h 55.

Au chaud, en caissette, en répartissant bien les graines, semez des choux cabus 'Cœur de bœuf', 'Tête de pierre', 'Marché de Copenhague' et 'Express'. Pour prolonger les récoltes ou protéger du froid, couvrez d'un voile d'hivernage la mâche, les épinards et les laitues d'hiver.

En régions clémentes, semez les pois à grains ronds, les mangetout et les fèves. Ouvrez des sillons espacés de 30 à 40 cm et dispersez-y les grains. Fermez-les et tassez avec le dos du râteau. Arrosez si le sol est sec.

Sous abri, semez des radis de tous les mois 'de Dix-huit jours', 'Flamboyant 5', 'Gaudry 2'. Semez les variétés rondes en surface, les demi-longues à 3 cm de profondeur. Mélangez les graines avec celles de carottes 'Marché de Paris 4' ou 'Touchon'. En récoltant les radis dans un mois, vous éclaircirez les carottes. Sous abri, semez des navets 'Jaune boule d'or', 'de Croissy' ou 'de Milan rouge'. Protégez des limaces et aérez par beau temps.

S'il ne gèle pas, préparez les emplacements des futurs artichauts. Plantez les rosiers à racines nues et les grimpantes devant un support. Pralinez les racines nues ou hydratez les mottes.

Préparez la future aspergeraie. Tous les 80 cm, ouvrez des tranchées de 40 cm de large et 25 cm de profondeur. Plantez une haie d'arbustes feuillus. Coupez les rames de noisetier qui serviront de tuteurs.

Le 29, ne jardinez pas avant 14 h 20.

Hors période de gel, élaguez les pommiers et poiriers de plein-vent. Enlevez les mousses et lichens de leurs troncs avec une brosse en chiendent puis pulvérisez un traitement d'hiver. Taillez les actinidias et petits fruits. Faites des boutures avec les coupes des cassissiers et groseilliers. Enterrez-les en place, par trois, à 1 m de distance. Buttez les fèves quand elles mesurent 20 cm de hauteur.

Le 31, ne jardinez pas après 16 h 10.

En toutes régions, en sol non fumé récemment, plantez les échalotes 'Mikor', 'Jermor' ou 'Longor'. Espacez les sillons de 20 à 30 cm, les caïeux de 15 cm, enterrez peu les pointes et n'arrosez pas. Binez et désherbez jusqu'à la récolte, ne paillez pas le sol.

Les nœuds lunaires ascendants ou descendants et les périodes de lunes montantes ou descendantes correspondent à des notions différentes. Ainsi peut-on avoir un nœud descendant en période de lune montante et inversement.

Vos observations personnelles

BIOCONTRÔLE

Traitement d'hiver. Depuis l'interdiction des produits chimiques pour un usage amateur, les traitements d'hiver se composent soit d'huile de colza, soit d'huile de paraffine. Cette dernière étant issue du pétrole, elle n'est pas écologique, même si elle est autorisée. De plus, ces deux huiles agissent en curatif contre les mêmes prédateurs : acariens, aleurodes, cochenilles, psylles, pucerons et thrips, qui attaquent les arbres fruitiers ou d'ornement. Utilisez donc de préférence l'huile de colza, pendant le repos de la végétation, pour éliminer les œufs ou larves des parasites. Les attaques seront fortement réduites ensuite. Opérez en lune descendante, en jours feuilles, fleurs ou fruits, selon les végétaux concernés.

ANIMAUX

Démarrer un poulailler. Renseignez-vous sur les diverses races, pondeuses, à chair ou mixtes. La facilité d'élevage et la rusticité de chacune. Contactez les éleveurs de votre région pour connaître leurs disponibilités. Lorsque votre choix est fait, retenez vos poules. Préparez leur abri et le matériel nécessaire avant de les accueillir.

Tailler les actinidias

https://www.youtube.com/watch?v=in-dvDZ5udI

Février 2024

Lune	Événements	Signe / changement	Jour	Conseils
Lune descendante		♍	jeudi 1	En sol bien drainé, installez l'ail rose 'Printanor', 'Flavor' ou 'Cledor' en conservant les gousses du tour des têtes. Rebouchez les sillons en couvrant peu les caïeux, les pointes doivent rester légèrement visibles.
	◑ 0 h 17	– 14 h 55 –	vendredi 2	Après les grands froids, dégagez les artichauts. Laissez deux œilletons par pied. Mettez en culture les bégonias tubéreux, les cannas, plantez les anémones de Caen et renoncules. Repiquez au chaud les bégonias semperflorens semés les 14 et 15 janvier.
		♎	samedi 3	
		– 7 h 46 –	dimanche 4	Repiquez les semis des 16-17 janvier : les laitues en place, tous les 30 cm, en laissant flotter les collets ; les choux cabus en pépinière, tous les 10 cm, en enterrant la base des tiges. Protégez des limaces.
		♏	lundi 5	
	18 h 02	– 7 h 33 –	mardi 6	En serre, au chaud à 18-20 °C, semez en terrines des tomates 'Cœur de bœuf', 'Saint-Pierre', 'des Andes', 'Green Zebra', 'Poire jaune', 'Pyros'. Couvrez peu les graines, tassez et arrosez. Semez des aubergines, piments et poivrons, au chaud en caissettes. Couvrez d'une vitre. Retournez-la tous les jours pour ôter la condensation.
Lune montante		♐	mercredi 7	
		– 13 h 19 –	jeudi 8	Au chaud (20 à 25 °C), dans une mini-serre, dans un mélange léger, semez le céleri-rave 'Monarch' dans de petits sillons. Couvrez peu les graines, tassez avec une planchette et vaporisez d'eau. Fermez le couvercle et maintenez humide jusqu'à la levée.
	● 23 h 59	♑	vendredi 9	
	Périgée 19 h 52	– 9 h 01 –	samedi 10	***Le 10, ne jardinez pas après 14 h 45.*** En pépinière abritée, semez des brocolis. Sous abri ou à chaud en terrine, semez des choux-fleurs d'été. Couvrez un peu les graines, tassez et vaporisez d'eau. En terrine, semez des impatiens et des pétunias sans couvrir les graines.
		♒	dimanche 11	
		– 8 h 18 –	lundi 12	***Le 13, ne jardinez pas après 12 h 55*** Semez en pépinière, des laitues pommées, romaines, batavias ou à couper ; en lignes distantes de 20 à 30 cm, des épinards de printemps, des pissenlits, de la ciboulette, du cresson alénois, de la roquette, du persil et du cerfeuil. Au chaud, semez du pourpier.
	☊ 18 h 01	♓	mardi 13	
		– 15 h 06 –	mercredi 14	Semez les pois nains ou grimpants, ronds 'Douce Provence', 'Petit provençal', 'plein le panier', mangetout 'Bamby', 'Corne de bélier', 'Norly', 'Normand' et les fèves. Écartez les lignes de 30 à 40 cm. Vous les binerez quelques jours après leur germination.
		♈	jeudi 15	
	◐ 16 h 00	– 13 h 08 – ♉	vendredi 16	

Les nœuds lunaires ascendants ou descendants et les périodes de lunes montantes ou descendantes correspondent à des notions différentes. Ainsi peut-on avoir un nœud descendant en période de lune montante et inversement.

Vos observations personnelles

PERMACULTURE

Tri des déchets verts. Depuis le 1er janvier de cette année, les particuliers sont tenus de trier leurs déchets alimentaires. Ils doivent être déposés dans des points de collecte spécifiques ou mieux, si vous avez un jardin, transformez-les en compost. Vous trouverez tout au long de cette année, des conseils sur les déchets à composter, l'entretien et les utilisations possibles. Si vous habitez en appartement, employez un lombricomposteur, à placer de préférence sur le balcon. Vous utiliserez cet engrais pour vos plantes d'intérieur, vos jardinières ou potées fleuries.

ANIMAUX

Poule coucou de Rennes. Elle est reconnaissable à son plumage gris foncé barré de crème et à ses cuisses musclées. Sa croissance est lente, mais elle est à la fois bonne pondeuse (entre 150 et 200 œufs roux de 60 g par an), bonne couveuse et sa chair est de qualité. Rustique, elle a besoin d'un grand parcours herbeux sinon, elle peut être agressive avec les autres poules.

Semer du pourpier

https://www.youtube.com/watch?v=YVtEdxMo8bc

Février 2024

Lune montante	◐ 16 h 00	♈ – 13 h 08 –	vendredi **16**
	☉ ♒		samedi **17**
		♉	dimanche **18**
	9 h 40	– 21 h 57 –	lundi **19**
Lune descendante		♊	mardi **20**
		– 9 h 28 –	mercredi **21**
		♋	jeudi **22**
		– 0 h 28 –	vendredi **23**
	☺ 13 h 30	♌	samedi **24**
	Apogée 15 h 58	– 1 h 55 –	dimanche **25**
			lundi **26**
	☋ 23 h 53	♍	mardi **27**
			mercredi **28**
		– 21 h 47 –	jeudi **29**

Semez des oignons de couleur 'Jaune des Cévennes', 'Espagnol', 'Paille des vertus', 'Rouge de Florence' ou blancs 'de Barletta', 'de Vaugirard', 'Printanier parisien', en rangs larges espacés de 30 à 40 cm, à 1 ou 2 cm de profondeur. À éclaircir ensuite à 15-20 cm. Semez des poireaux d'été et d'automne, sous châssis ou en pépinière, 'Jaune gros du Poitou', 'Malabare', 'Monstrueux d'Elbeuf'. Vous éclaircirez les jeunes plants tous les 5 cm un peu après la levée.

Repiquez au chaud, en pots individuels les choux-fleurs semés les 14 et 15 janvier. Œilletonnez les artichauts. Divisez les perce-neige en vert. Bouturez les chrysanthèmes, fuchsias et pélargoniums.

Préparez le sol de la future aspergeraie (voir les 25 et 26 janvier). S'il ne gèle pas, plantez les arbustes caducs en haie tous les 80 cm à 1 m, bouchez et arrosez copieusement. Taillez les bordures et topiaires de buis.

Le 25, ne jardinez pas après 10 h 50.

Taillez les groseilliers et les cassissiers. Supprimez à leur base les tiges âgées situées au centre qui fructifient peu. Bouturez des rameaux de l'année passée, de 20 cm de longueur. Plantez-les par trois, en place, en écartant les groupes de 1 m sur une ligne. Binez les fèves et pois semés les 18 et 19 janvier, posez les rames pour les variétés grimpantes.

Le 27, ne jardinez pas après 18 h 45.

En sol non fumé récemment, plantez l'ail et les échalotes en enterrant peu les caïeux. Ce n'est pas la peine d'arroser. Installez les pommes de terre précoces 'Belle de Fontenay', 'Amandine', 'Manon'. Espacez les rangs de 80 cm, les plants de 35 cm, à 10 cm de profondeur. Vous les butterez quand le feuillage aura 25 cm de hauteur. Plantez les crosnes, topinambours et raiforts. Repiquez pour la 1re fois en pépinière les céleris-raves semés le 9 février. Épointez les racines.

Les bons horaires

Tous les horaires mentionnés dans notre calendrier sont indiqués en heures légales. Vous n'avez donc pas de corrections à apporter, ni en hiver, ni en été, pour convertir le temps universel en heure légale.

Appliquez-les directement après l'ajustement nécessaire selon la localisation de votre jardin (voir p. 39)

Les nœuds lunaires ascendants ou descendants et les périodes de lunes montantes ou descendantes correspondent à des notions différentes. Ainsi peut-on avoir un nœud descendant en période de lune montante et inversement.

Vos observations personnelles

BIODYNAMIE

Contre les doryphores. Installez les pommes de terre précoces en lune descendante, devant la constellation de la Vierge (voir ci-contre du 26 au 29 février). Profitez des associations bénéfiques entre les légumes, les pois et les fèves repoussent les doryphores. Plantez les tubercules à côté de ces Fabacées. Le lin bleu peut aussi être semé entre les rangs. Il est aussi préférable de planter les pommes de terre à plusieurs endroits du potager en les séparant avec d'autres légumes, plutôt que de toutes les regrouper. Surveillez tout de même la présence des insectes adultes, des œufs et des larves.

BIEN-ÊTRE

Conseils de cueillette. Si vous ramassez des plantes pour essayer les préparations proposées cette année, suivez ces quelques conseils. Cueillez les plantes de votre jardin, non traitées, ou celles de la nature, loin des routes et des champs cultivés. Attendez que la rosée soit évaporée. Faites-les sécher à l'ombre, dans un local chaud et aéré. Étalez-les dans des cageots propres en petites couches et couvrez-les d'un papier kraft. Retournez-les et conservez-les à l'abri de la lumière.

Tailler les groseilliers

https://www.youtube.com/watch?v=OJk1J3p5tGk

Mars 2024

vendredi 1	Lune descendante	♎	
samedi 2	Lune descendante	♎ – 15 h 21 –	
dimanche 3	Lune descendante	♏	◑ 16 h 23
lundi 4	Lune descendante	♏ – 16 h 30 –	
mardi 5	2 h 58 Lune montante	♐	
mercredi 6	Lune montante	♐ – 23 h 54 –	
jeudi 7	Lune montante	♑	
vendredi 8	Lune montante	♑ – 20 h 20 –	
samedi 9	Lune montante	♒	
dimanche 10	Lune montante	♒ – 19 h 09 –	Périgée 8 h 04 ● 10 h 00
lundi 11	Lune montante	♓	☉ ♓ ☊ 2 h 17
mardi 12	Lune montante	♓ – 0 h 39 –	
mercredi 13	Lune montante	♈	
jeudi 14	Lune montante	♈ – 21 h 03 –	
vendredi 15		♉	
samedi 16		♉	

1-2. Taillez les buddléias, fuchsias de Magellan, lavatères arbustives, lilas des Indes, pérovskias... Repiquez les choux-fleurs et les brocolis semés les 10 et 11 février et pour la 2e fois, en pot, les bégonias semés les 14-15 janvier.

3-4. Taillez les haies. Blanchissez des pissenlits. Plantez les choux cabus semés les 16-17 janvier ; la ciboulette, l'estragon, l'oseille et la rhubarbe (ou divisez-les). Éclaircissez les épinards et pissenlits, plantez les laitues, tous semés les 12-13 février.

5-6. Semez au chaud, en terrine, les aubergines, piments, poivrons, concombres, cornichons et tomates. Identifiez les diverses variétés. Greffez les fruitiers en fente et en incrustation avec les greffons prélevés en hiver. Positionnez les greffons, ligaturez, mastiquez et protégez des oiseaux.

7-8. En rangs espacés de 30 cm, semez des carottes 'de Colmar 2', 'de Meaux', 'Nantaise améliorée 2', tassez et arrosez. Semez en place des radis 'Flamboyant 5', 'Gaudry 2' ou 'National 2' et des navets 'de Croissy', 'de Nancy', 'de Milan rouge' et en caissette du céleri-rave.

9-10. *Le 10, ne jardinez pas avant 13 h 10.*

Semez en place les annuelles peu frileuses, bleuet, clarkia, immortelle, et devant un support, les pois de senteur ; en pépinière, des choux-fleurs et brocolis. En régions douces, récoltez les choux-fleurs d'hiver, semés l'an passé.

11-12. *Le 12, ne jardinez pas avant 7 h 25.*

Semez en place, des épinards, du cerfeuil et du persil ; en terrine, à chaud (18 à 20 °C), du basilic. Semez, en pépinière bien exposée, des choux cabus et choux de Bruxelles ; en terrine, à 25 °C, pour une levée rapide, des frisées ou scaroles ; sous châssis, des laitues pommées.

13-14. Au chaud, semez 3 à 4 graines de melon par godet, à 1,5 cm de profondeur. Semez des physalis en terrine remplie d'un terreau spécial semis. Couvrez les graines de quelques millimètres du même substrat.

15-16. Semez les panais en lignes espacées de 30 à 40 cm. Choisissez 'Demi-long de Guernesey', productif et rustique. Vous les récolterez en automne. Sur rangs larges, espacés de 30 cm, semez des oignons blancs 'de Barletta', 'de Vaugirard' et de couleur 'Paille des vertus', 'Rouge de Florence'.

Les nœuds lunaires ascendants ou descendants et les périodes de lunes montantes ou descendantes correspondent à des notions différentes. Ainsi peut-on avoir un nœud descendant en période de lune montante et inversement.

Vos observations personnelles

BIOCONTRÔLE

Le criocère du lis. Rouge vif, les adultes du criocère se repèrent facilement sur les feuilles vertes, puis ensuite les boutons des lis (surtout celui de la Madone) et aussi les fritillaires. Ils dévorent les feuilles au printemps, surtout en mars et en avril. Les larves gluantes, orange et noires, situées sous les feuilles, commettent les mêmes dégâts. La lutte manuelle est efficace à condition d'intervenir tous les jours car ils se reproduisent à vive allure. Capturez les adultes et éliminez-les. Attention, ils se laissent tomber de feuille en feuille jusqu'au sol où ils se cachent ! Enlevez les larves avec une éponge humide.

BIEN-ÊTRE

Le saule blanc. Avec la reine-des-prés, c'est l'équivalent naturel de l'aspirine, et en plus il ne provoque pas de maux d'estomac. Il est donc recommandé pour soulager les rhumatismes, les douleurs musculaires, maux de tête ou de dents et les états grippaux. Si vous le taillez au jardin, en lune descendante, en Cancer ou en Scorpion, conservez l'écorce des rameaux et coupez-la en lamelles. Faites-en infuser 2 cuillerées à soupe par litre d'eau durant 10 minutes. Buvez 2 à 4 tasses par jour de cette préparation, sucrez avec du miel.

Tailler le buddleia

https://www.youtube.com/watch?v=42fXQ3-bG1Y

Mars 2024

Lune montante	◐ 5 h 10	♉	samedi **16**
15 h 38		♉	dimanche **17**
Lune descendante		– 3 h 58 – ♊	lundi **18**
		♊	mardi **19**
	Équinoxe de printemps 4 h 06	– 15 h 17 – ♋	mercredi **20**
		– 6 h 22 – ♌	jeudi **21**
		♌	vendredi **22**
	Apogée 16 h 44	♌	samedi **23**
		– 9 h 05 – ♍	dimanche **24** Rameaux
	🌕 9 h 00 Éclipse de Lune 13 h 51	♍	lundi **25**
	☊ 6 h 07	♍	mardi **26**
		♍	mercredi **27**
		– 4 h 40 – ♎	jeudi **28**
		♎	vendredi **29**
		– 22 h 19 – ♏	samedi **30**
		♏	dimanche **31** Pâques

Dans des sillons peu profonds et distants de 20 cm, dispersez les graines de cerfeuil tubéreux stratifiées en automne 2023. En pépinière, semez des poireaux pour l'automne, 'Malabare', 'de Carentan' ou 'Electra'. Écartez les rangs de 10 cm, dispersez les graines, fermez et tassez au râteau.

Repiquez en pépinière les œillets Chabaud et en pot les pélargoniums, semés les 14-15 janvier, à chaud, en terrine, les pétunias semés les 10-11 février. Plantez sous abri les choux-fleurs semés les 14-15 janvier.

Plantez les griffes d'asperges dans les emplacements préparés. Formez des buttes et étalez les griffes dessus. Couvrez-les de 5 cm de terre et arrosez. Installez les arbustes persistants.

Le 23, ne jardinez pas après 11 h 35.

Enrichissez le sol en compost bien décomposé et plantez des fraisiers remontants tous les 30 à 40 cm, en lignes espacées d'autant. Placez les collets juste au-dessus du sol. Installez également des petits fruits, les framboisiers devant une armature pour pouvoir les palisser. Repiquez en godets les aubergines, les piments, les poivrons et les tomates, semés le 7 février.

Le 25, ne jardinez pas.
Le 26, ne jardinez pas avant 11 h 15.

Plantez les pommes de terre de conservation 'Charlotte', 'Ratte', 'Sirtema', 'Ditta', 'Cheyenne', 'Désirée', 'Manon', 'Nicola'. Vous les butterez lorsque le feuillage aura 25 cm de hauteur. Installez les poireaux semés les 12-13 janvier. Repiquez pour la 2e fois les céleris-raves semés le 9 février et pour la 1re fois ceux semés les 7-8 mars. Éclaircissez les carottes semées en même temps. Au chaud, en godets, plantez les ocas du Pérou.

Installez les vivaces et arbustes à fleurs. Taillez les arbustes fanés, forsythia, corète du Japon, groseillier à fleurs. Repiquez en pépinière les choux-fleurs et brocolis semés les 9 et 10 mars. Plantez les choux-fleurs et brocolis semés les 10-11 février tous les 60 à 70 cm en tous sens.

Repiquez sous abri les chicorées, en pépinière, les choux cabus et de Bruxelles, en place, les laitues, tous semés les 11 et 12 mars. Plantez les aromatiques : ciboulette, estragon, livèche, mélisse, menthe, origan, romarin, sauge, thym et l'oseille.

Les nœuds lunaires ascendants ou descendants et les périodes de lunes montantes ou descendantes correspondent à des notions différentes. Ainsi peut-on avoir un nœud descendant en période de lune montante et inversement.

Vos observations personnelles

PERMACULTURE

Démarrer un compost. Le potager fournissant de nombreux déchets, le tas de compost y trouvera place. Son accès doit être facile avec une brouette. Éloignez-le des arbres, les branches basses pouvant gêner le travail. Si vous le fabriquez avec des palettes ou quatre piquets et une canisse, prévoyez une ouverture complète sur un côté et un couvercle. Deux composteurs sont préférables (voir p. 65). Ameublissez la terre au fond et placez-y des branchages un peu grossiers qui assureront une bonne aération. Attendez que les températures soient réchauffées pour le démarrer, en mai, mais stockez d'ici là, provisoirement au jardin, les deux types de déchets (voir p. 63). Pour initialiser le processus de fermentation, les couches alternées doivent être assez épaisses.

BIEN-ÊTRE

La pâquerette. En fleur dès les premiers redoux, la pâquerette (*Bellis perennis*) parsème nos pelouses. Ramassez ses corolles et ses feuilles pour préparer une tisane contre la toux et les bronchites. Laissez infuser durant 10 minutes 1 cuillerée à soupe par tasse d'eau bouillante. Buvez de 1 à 3 tasses par jour. Elle stimule aussi l'appétit.

Planter des petits fruits

https://www.youtube.com/watch?v=Ekxl6ttc8rs

Avril 2024

Lune descendante 10 h 51 – 0 h 12 – lundi 1, mardi 2 (♐ ; ◑ 5 h 14)

Lune montante

– 9 h 18 – mercredi 3, jeudi 4 (♑)

– 7 h 17 – vendredi 5, samedi 6 (♒)

– 7 h 12 – dimanche 7 (Périgée 19 h 51 ; ☊ 14 h 18 ; Éclipse totale de Soleil 20 h 17 ; ● 20 h 20 Lune rousse), lundi 8 (♓)

– 12 h 35 – mardi 9, mercredi 10 (♈)

– 7 h 59 – jeudi 11, vendredi 12, samedi 13 (♉) ; 0 h 31

Lune descendante

– 12 h 35 – dimanche 14, lundi 15 (♊ ; ◐ 21 h 13)

– 23 h 12 – mardi 16 (♋)

1-2 — À 18-20 °C, semez 3 graines de courgette, courge ou pâtisson par godet. À la levée, vous conserverez le plus beau plant. À récolter à partir de juillet. Semez des pois à grains ridés 'Merveille de Kelvedon' ou 'Excellenz'. Greffez les arbres fruitiers en couronne avec les greffons prélevés pendant cet hiver.

3-4 — Sur rangs larges, espacés de 20 cm, semez des navets 'de Croissy', 'des Vertus marteau', 'Jaune boule d'or' à récolter dans 2 mois et des carottes près de poireaux en place pour lutter contre la mouche et la teigne. Semez aussi des radis de tous les mois.

5-6 — En place, semez en dispersant bien les graines, les alysses odorantes, belles de jour, bleuets, capucines, clarkias, godétias, immortelles, lavatères et tournesols. Couvrez légèrement les graines, tassez avec le dos du râteau et arrosez en pluie fine. En pépinière, en rangs espacés de 10 cm, semez des choux-fleurs et des brocolis.

7-8 — ***Le 7, ne jardinez pas après 14 h 45.***
Le 8, ne jardinez pas après 9 h 10.
Semez du céleri à côtes 'Tall Utah' ou 'Géant doré amélioré', du fenouil doux 'Selma' ou 'Orion' sous châssis ou en pépinière bien exposée (température du sol supérieure à 11 °C) ; des poirées, en place.

9-10 — En régions douces, semez en poquet enrichi de compost bien décomposé (en pot ailleurs) 3 graines de melon, concombre ou cornichon. Sous climat doux ou sous tunnel, semez des haricots nains en lignes espacées de 40 cm.

11-13 — En place, tous les 20 cm, semez les salsifis et les scorsonères. Couvrez les graines de 2 à 3 cm de terre fine, tassez et arrosez. Maintenez le sol frais jusqu'à la levée. Vous les éclaircirez quand les plants auront 2 feuilles. Le long d'un cordeau, semez du panais et du persil tubéreux pour les pot-au-feu de l'hiver. Distancez les rangs de 30 à 40 cm. Répartissez les graines, couvrez-les légèrement, tassez avec le dos du râteau et arrosez en pluie fine.

14-15 — En régions douces, plantez les bégonias semperflorens, œillets Chabaud, pélargoniums, semés les 14-15 janvier. Plantez les choux-fleurs et brocolis, semés les 9-10 mars. Installez une bordure de lavande et de romarin.

16 — Tondez la pelouse, scarifiez-la pour enlever les mousses. Apportez un engrais azoté. Au coupe-bordure, tranchez les limites avec les massifs.

Les nœuds lunaires ascendants ou descendants et les périodes de lunes montantes ou descendantes correspondent à des notions différentes. Ainsi peut-on avoir un nœud descendant en période de lune montante et inversement.

Vos observations personnelles

PERMACULTURE

Le chou Daubenton. Ce chou perpétuel a toute sa place dans un potager permacole, d'autant qu'il est moins sensible à la piéride. Il forme un petit buisson de feuilles, sans pommes, et reste en place quatre à cinq ans. Les jeunes pousses, au goût proche du brocoli, se récoltent à mesure de sa croissance et de vos besoins. Elles se dégustent crues ou cuites (en gratin, au jus, en potage). Des cueillettes régulières favorisent un port plus compact. Achetez-le en godet et installez-le au soleil, dans un sol riche, frais, mais bien drainé. Opérez en lune descendante, devant le Cancer ou le Scorpion. Distancez les pieds de 1 m et enterrez la base des tiges pour renforcer l'enracinement. En régions froides, il peut perdre ses feuilles en hiver, mais repartira au printemps. Il se bouture en fin d'été.

BIEN-ÊTRE

Ortie tonifiante. Riches en minéraux (fer, calcium, magnésium, potassium, phosphore) et en vitamines (A, B, C), les feuilles de l'ortie redonnent de la vitalité à la sortie de l'hiver. Ajoutez des feuilles fraîches ou sèches dans une soupe 15 minutes avant la fin de la cuisson. Utilisez-les dans une omelette, un flan ou en mélange dans un gratin avec des pommes de terre, du chou-fleur.

Planter une bordure de lavande et de romarin

https://www.youtube.com/watch?v=vVnw_CLIXvY

Avril 2024

Lune	Événements	Signe / heure	Jour
Lune descendante		♋	mardi 16
		13 h 55	mercredi 17
	☉ ♈		jeudi 18
		♌	vendredi 19
	Apogée 4 h 10	15 h 35	samedi 20
			dimanche 21
	☋ 12 h 44	♍	lundi 22
	☺ 1 h 48		mardi 23
		10 h 48	mercredi 24
		♎	jeudi 25
		4 h 04	vendredi 26
		♏	samedi 27
16 h 18		5 h 44	dimanche 28
Lune montante		♐	lundi 29
		15 h 30 ♑	mardi 30

Sous tunnel, plantez les chicorées frisées et scaroles semées les 11-12 mars. Protégez des limaces. Aérez par temps doux. Repiquez en pot et gardez au chaud, le basilic semé les 11-12 mars.

Le 20, ne jardinez pas avant 9 h 20.

En climat doux ou sous tunnel, plantez les aubergines, piments, poivrons, tomates semés le 7 février ; les concombres, cornichons, les 5-6 mars ; melons, les 13-14 mars ; courgettes, courges, pâtissons, le 2 avril. Attendez s'il fait trop frais. Repiquez à chaud, dans des petits pots, les aubergines, piments, poivrons, tomates, semés les 5-6 mars et physalis, les 13-14 mars.

Le 22, ne jardinez pas avant 17 h 50.

Plantez les céleris-raves semés le 9 février, à 40 cm en tous sens, repiquez pour la 2e fois ceux semés les 7-8 mars. Arrachez les poireaux semés les 17-18 février. Laissez-les sécher 2 jours au sol, habillez-les et plantez-les. Essayez aussi le poireau perpétuel. Éclaircissez les panais semés les 15 et 16 mars, les carottes et les navets semés les 3 et 4 avril. Binez et désherbez les entre-rangs.

Eclaircissez les annuelles, repiquez en pépinière les choux-fleurs et brocolis semés les 5-6 avril. Plantez les bégonias tubéreux, cannas, dahlias, glaïeuls. Repiquez en pot les impatiens et pétunias semés les 10-11 février.

Installez les aromatiques au potager près des légumes pour repousser certains parasites, en pot ou en jardinière. Plantez les choux cabus et de Bruxelles semés les 11 et 12 mars. Enterrez les plants jusqu'aux premières feuilles pour renforcer l'enracinement.

Semez des courges et des melons en godets ou en poquets enrichis de compost mûr, tous les 80 cm à 1 m. En régions douces, semez les haricots. Pour les nains, espacez les rangs de 40 à 50 cm, posez un grain tous les 4-5 cm. Pour les grimpants, placez 5 à 8 grains en poquets tous les 40 à 50 cm, sur 2 rangs distancés de 75 cm.

En place, sur rangs larges, semez les betteraves.

Les nœuds lunaires ascendants ou descendants et les périodes de lunes montantes ou descendantes correspondent à des notions différentes. Ainsi peut-on avoir un nœud descendant en période de lune montante et inversement.

Vos observations personnelles

BIOCONTRÔLE

Contre la mouche de la cerise. Cette mouche est responsable des fruits véreux. Les vers dévorent la chair, puis se laissent tomber au sol pour y hiverner et poursuivre leur cycle. Les variétés précoces y sont moins sensibles comme 'Early Rivers' (photo), 'Burlat' ou 'Van'. Sur les arbres bas, en préventif, pulvérisez de l'argile blanche, une fois à la coloration des fruits et une semaine plus tard. En fin de floraison, posez un piège jaune englué pour compter les adultes. S'ils sont nombreux, posez un piège à phéromone spécifique aux mouches des fruits jusqu'en juin. Ramassez les fruits qui tombent et si possible ceux qui restent accrochés. Griffez le sol ou lâchez les poules les semaines qui précèdent et suivent la récolte pour éliminer les vers.

BIEN-ÊTRE

La violette odorante. Comestibles, les fleurs de cette violette (*Viola odorata*) riches en mucilages et en saponine sont expectorantes et antitussives. Préparez une tisane avec 15 à 25 g de fleurs pour 50 cl d'eau en laissant infuser 15 minutes. Buvez 2 à 3 tasses par jour.

Semer des courges

https://www.youtube.com/watch?v=-_uxFWNSRmE

Mai 2024

Lune	Événements lunaires	Signe	Jour
Lune montante	◑ 13 h 27	♑	mercredi 1 (Fête du Travail)
Lune montante		♑ → 14 h 47	jeudi 2
Lune montante		♒	vendredi 3
Lune montante		♒ → 16 h 09	samedi 4
Lune montante	☊ 23 h 53	♓	dimanche 5
Lune montante	Périgée 0 h 04	♓ → 22 h 54	lundi 6
Lune montante		♈	mardi 7
Lune montante	● 5 h 21	♈ → 18 h 23	mercredi 8 (Victoire 1945)
Lune montante		♉	jeudi 9 (Ascension)
Lune montante		♉	vendredi 10
Lune montante → 9 h 40		♉ → 21 h 41	samedi 11
Lune descendante		♊	dimanche 12
Lune descendante		♊ → 7 h 33	lundi 13
Lune descendante	☉ ♉	♋ → 21 h 37	mardi 14
Lune descendante	◐ 13 h 47	♌	mercredi 15
Lune descendante		♌	jeudi 16

Semez des endives en lignes, en enterrant peu les graines. Semez en pépinière, des poireaux 'Bleu de Solaise', 'de Carentan 2' ou 'de Saint-Victor' ; en place, des carottes, des navets et des panais.

En pépinière, semez le chou-fleur 'Géant d'automne Primus' et les brocolis 'Green Magic', 'Verdia', 'Vert calabrais'. Ouvrez des sillons tous les 10 à 15 cm et enterrez les graines à 2 cm de profondeur, tassez avec le dos du râteau et arrosez. En poquet, semez des tournesols.

Le 5, ne jardinez pas après 18 h 45.
Le 6, ne jardinez pas avant 5 h 10.

Semez en place, les laitues pommées ou à couper, la roquette, le pourpier, le mesclun, la poirée, la coriandre et à la mi-ombre, le cerfeuil, le persil ; en poquet, le cardon ; en pépinière, des chicorées, choux de Bruxelles, de Milan, kale et du céleri à côtes.

En place, en poquets enrichis de compost bien décomposé, semez 3 graines de courge, courgette, pâtisson, concombre, cornichon ou coloquinte pour vos décors à la maison. Couvrez les graines, tassez à la main et arrosez. Protégez des limaces.

Sur rangs larges, semez des carottes pour l'hiver 'de Chantenay à cœur rouge 2', 'de Colmar 2', 'Flyaway', 'Maestro', 'Purple Haze'. Couvrez légèrement les graines, tassez et arrosez. Semez des radis d'été et d'automne qui ne creusent pas ou peu 'de Cinq semaines rose 3', 'd'Été jaune d'or ovale', 'Ovale blanc de Munich', 'Zlata'. Semez aussi des salsifis en rangs distants de 25 cm, à 1 ou 2 cm de profondeur.

Marcottez les rosiers grimpants, clématites, chèvrefeuilles, bignones et glycines. Plantez les annuelles achetées ; les choux-fleurs et brocolis semés les 5-6 avril, tous les 60 à 70 cm. Enterrez la base des plants.

Éclaircissez les poirées semées les 7-8 avril. Repiquez en pépinière, tous les 10 cm, les céleris à côtes semés aux mêmes dates. Plantez les fenouils doux semés les 7-8 avril, le basilic les 11-12 mars. Divisez l'oseille.

Installez les aubergines, piments, poivrons et tomates semés les 5 et 6 mars, physalis les 13-14 mars, concombres, cornichons, melons le 10 avril. Apportez du compost bien décomposé dans les trous de plantation. Tuteurez si besoin avant de boucher, tassez et arrosez.

Les nœuds lunaires ascendants ou descendants et les périodes de lunes montantes ou descendantes correspondent à des notions différentes. Ainsi peut-on avoir un nœud descendant en période de lune montante et inversement.

Vos observations personnelles

BIOCONTRÔLE

L'oïdium des courges. Des températures élevées et un sol sec favorisent le développement de l'oïdium sur les feuilles des courges, courgettes et potirons. Un duvet blanc les recouvre partiellement ou totalement. S'il apparaît de bonne heure, la croissance et le nombre de fruits est impacté. En préventif, paillez le sol après une bonne pluie ou un gros arrosage, sans mouiller les feuilles, pour garder l'humidité. Pulvérisez alternativement tous les dix jours, une décoction de prêle et un purin d'ortie, dilués à 10 %. Coupez les premières feuilles atteintes. Puis, diluez 1 volume de lait écrémé dans 9 d'eau, secouez fortement et pulvérisez sur les feuilles, une fois par semaine jusqu'à la disparition de l'oïdium.

BIEN-ÊTRE

La pensée sauvage. Majoritairement violette et jaune, cette petite pensée sauvage (*Viola tricolor*) soigne les maladies de peau grâce à ses vertus anti-inflammatoires et cicatrisantes, mais aussi la toux légère et les rhumatismes. Faites infuser 1 cuillerée à soupe de pétales frais ou secs dans 50 cl d'eau durant 15 minutes. À utiliser en cure de 2 à 3 semaines sur des compresses comme lotion ou également à boire en tisane.

Diviser l'oseille

https://www.youtube.com/watch?v=2rz3f8fzPqM

Mai 2024

Lune descendante		♌	jeudi **16**
Lune descendante	Apogée 20 h 58	♌ – 22 h 54	vendredi **17**
Lune descendante		♍	samedi **18**
Lune descendante	☋ 18 h 35	♍	dimanche **19** Pentecôte
Lune descendante		♍	lundi **20**
Lune descendante		♍ – 17 h 59	mardi **21**
Lune descendante		♎	mercredi **22**
Lune descendante	🌕 15 h 53	♎ – 10 h 50	jeudi **23**
Lune descendante		♏	vendredi **24**
Lune descendante / Lune montante	21 h 49	♏ – 11 h 47	samedi **25**
Lune montante		♐	dimanche **26**
Lune montante		♐ – 20 h 59	lundi **27**
Lune montante		♑	mardi **28**
Lune montante		♑ – 20 h 30	mercredi **29**
Lune montante	◑ 19 h 12	♒	jeudi **30**
Lune montante		♒ – 22 h 16	vendredi **31**

Le 17, ne jardinez pas après 15 h 50.

Taillez les gourmands qui poussent à l'aisselle des feuilles des tomates, enlevez les pousses inutiles ou stériles sur les aubergines, courges, concombres et melons. Posez les rames aux haricots grimpants semés les 28 et 29 avril.

Le 19, ne jardinez pas après 13 h 30.

Plantez les poireaux semés le 16 mars. Arrachez-les et laissez-les sécher 2 jours à même le sol pour éliminer les larves de la teigne. Raccourcissez les feuilles et coupez les racines à 1 cm de leur base. Alternez les rangs avec des carottes pour lutter contre leurs parasites réciproques. Installez les céleris-raves semés les 7-8 mars. Éclaircissez à 10-12 cm les betteraves semées le 30 avril et à 8-10 cm, les endives semées le 1er mai. Installez les ocas du Pérou mis en godets du 24 au 27 mars.

Plantez les pétunias et les impatiens semés les 10 et 11 février. Repiquez en pépinière, les choux-fleurs et les brocolis, semés le 3 mai. Enterrez la base des tiges, tassez le sol autour et arrosez.

Taillez les haies, topiaires et bordures de buis. Blanchissez des chicorées. Liez les feuilles sans les serrer et couvrez-les d'une cloche opaque. Repiquez en pépinière les chicorées et les choux, éclaircissez les salades, poirées et conservez le plus beau cardon de chaque poquet, tous semés les 5-6 mai.

En toutes régions, semez les haricots 'Phénomène', 'Soissons gros blanc', 'Argus', 'Liverte', 'Rocbrun', 'Contender'. Écartez les rangs des nains de 40 cm, ceux des grimpants de 70 cm. Semez du maïs doux en poquets de 4 à 5 graines distants de 50 cm. Vous éclaircirez le maïs après la levée en conservant le plus beau plant.

En rangs espacés de 30 cm, semez des betteraves 'Crapaudine', 'd'Égypte', 'Détroit 3', des endives 'Atlas', 'Crenoline', 'Zoom' pour un forçage sans terre de couverture. Semez des carottes 'Chantenay à cœur rouge 2', 'de Colmar 2', 'Maestro', 'Purple Haze' et des radis d'été.

En pépinière, semez des choux-fleurs 'Géant d'automne Primus' et des brocolis 'Green Magic', 'Verdia', 'Vert calabrais' ; des bisannuelles (campanule médium, giroflée ravenelle, œillet de poète, primevère) et des vivaces (pavot d'Orient, rose trèmière).

Les nœuds lunaires ascendants ou descendants et les périodes de lunes montantes ou descendantes correspondent à des notions différentes. Ainsi peut-on avoir un nœud descendant en période de lune montante et inversement.

Vos observations personnelles

PERMACULTURE

Que mettre dans le compost ? Ce que le sol a produit (fanes de légumes, tontes de gazon, feuilles mortes...) doit y retourner en majorité sous forme de compost pour l'enrichir. Mais à l'inverse, tous les déchets ne sont pas bons pour le compost (voir p. 69 ceux à éviter). Les épluchures de légumes, les coquilles d'œufs, les filtres à café bruns, les cartons ondulés sans encre ni adhésif, les boîtes à œufs, les rouleaux de papier toilette peuvent y être ajoutés. Les orties, la consoude et l'achillée millefeuille sont trois plantes qui accélèrent sa décomposition. Utilisez-les soit fraîches, soit réalisez des macérations et arrosez le tas de compost avec.

BIEN-ÊTRE

Contre la toux. En prévision des maux de gorge de cet hiver, ramassez de jeunes feuilles de ronce et faites-les sécher. Vous ferez infuser 10 g dans 50 cl d'eau pendant 15 minutes. Buvez cette quantité dans la journée, en ajoutant du miel quand la tisane n'est plus brûlante pour conserver ses propriétés. Avec 20 g de feuilles pour 50 cl d'eau, faites des gargarismes avec la préparation froide contre les aphtes.

Cultiver le haricot avec le maïs

https://www.youtube.com/watch?v=lMcEhpVqGIl

Juin 2024

Lune	Événements	Signe (changement)	Jour
Lune montante		♓	samedi **1**
Lune montante	☊ 5 h 07 Périgée 9 h 16	♓	dimanche **2**
Lune montante		7 h 09 – ♈	lundi **3**
Lune montante		♈	mardi **4**
Lune montante		3 h 34 – ♉	mercredi **5**
Lune montante	● 14 h 37	♉	jeudi **6**
18 h 34		♉	vendredi **7**
Lune descendante		7 h 03 – ♊	samedi **8**
Lune descendante		♊ – 16 h 33 – ♋	dimanche **9**
Lune descendante		♋	lundi **10**
Lune descendante		6 h 09 – ♌	mardi **11**
Lune descendante		♌	mercredi **12**
Lune descendante		♌	jeudi **13**
Lune descendante	◐ 7 h 18 Apogée 15 h 35	6 h 55 – ♍	vendredi **14**
Lune descendante	☋ 22 h 17	♍	samedi **15**
Lune descendante		♍	dimanche **16**

Le 2, ne jardinez pas avant 14 h 25.

Semez les chicorées sauvages 'Pain de sucre' et italiennes 'Palla Rossa', 'Rouge de Trévise', en rangs espacés de 30 cm. Renouvelez les semis de laitues avec des variétés qui supportent la chaleur 'Iceberg', 'Sucrine', 'Craquerelle du Midi', 'de Pierre bénite', ou 'Kinemontepas'.

Ouvrez des poquets et enrichissez-les de compost bien décomposé. Semez dans chacun 3 graines de concombre, cornichon ou courgette. En lignes espacées de 40 cm, semez des haricots nains et distancez les grimpants de 70 cm.

Semez en rangs distants de 25 cm, des radis d'été et d'automne 'de Cinq semaines rose', 'Ovale blanc de Munich', en lignes espacées de 30 à 40 cm des rutabagas 'Jaune à collet vert'. Semez également des panais 'de Guernesey' et des carottes 'de Colmar 2', 'Flyaway', 'Maestro'. Dispersez bien les graines de ces divers légumes dans les sillons, couvrez-les légèrement de terre fine. Tassez avec le dos du râteau et arrosez en douceur.

Marcottez la glycine et la bignone. Enterrez la partie d'une tige basse et souple effeuillée, tuteurez l'extrémité. Divisez les jacinthes, narcisses, tulipes si le feuillage est jaune. Plantez les brocolis semés le 3 mai.

Plantez les céleris à côtes semés les 7-8 avril tous les 30 à 40 cm en tous sens, les chicorées, semées les 5-6 mai. Réduisez les plus grandes feuilles. Repiquez en pépinière les céleris semés les 5-6 mai.

Éclaircissez, conservez les plus beaux fruits, souvent une pomme du centre et une poire de la périphérie. Sur les formes palissées, coupez les rameaux non productifs trop vigoureux après la 5e feuille. Taillez en vert les pêchers ; les rameaux de remplacement de la vigne à 50 cm et ceux fertiles, deux feuilles après la dernière grappe ; les gourmands des tomates, les concombres et courges. Plantez les courges et melons semés en godets le 29 avril.

Le 14, ne jardinez pas entre 10 h 30 et 20 h 40.
Le 15, ne jardinez pas après 17 h 10.

Récoltez les pommes de terre précoces selon vos besoins car elles se conservent peu. Arrachez les oignons blancs et consommez-les rapidement, ils ne se gardent pas longtemps, ou transformez-les. Arrachez les poireaux semés le 1er mai et laissez-les sécher sur le sol pendant deux jours.

Les nœuds lunaires ascendants ou descendants et les périodes de lunes montantes ou descendantes correspondent à des notions différentes. Ainsi peut-on avoir un nœud descendant en période de lune montante et inversement.

Vos observations personnelles

BIOCONTRÔLE

Les pucerons du haricot. Ils s'agglutinent en colonies sur les pousses et les tiges tendres des extrémités. Par leurs piqûres, ils affaiblissent les plants, les boutons des fleurs peuvent avorter, la production est réduite et les gousses se déforment. Le miellat collant peut gêner les récoltes. En prévention, semez des capucines en bout de chaque rang, elles vont attirer les pucerons. Arrachez ensuite les pieds trop atteints. Favorisez les coccinelles (à sept points ou migratrice) ou introduisez des larves. Pulvérisez un purin de fougère aigle ou de sureau noir dilué à 10 %, de lavande dilué à 20 % ou encore du savon noir dilué dans de l'eau, plusieurs fois de suite.

BIEN-ÊTRE

Contre les verrues. La chélidoine est une plante à feuillage composé vert clair en rosette qui porte des fleurs jaunes d'avril à septembre. Elle pousse à la mi-ombre souvent au pied des murs. Cassez à la main la tige d'une feuille et appliquez le suc orange qui s'écoule de la plaie sur une verrue (pas sur la peau saine). En renouvelant ce geste plusieurs mois, la verrue disparaîtra.

Tailler les concombres

https://www.youtube.com/watch?v=YLWzgF9wZdo

Juin 2024

Lune descendante

	Signe	Jour
	♍	dimanche 16
	♍	lundi 17
	– 2 h 12 – ♎	mardi 18
	♎	mercredi 19
Solstice d'été 22 h 50 ☉ ♊	– 18 h 59 – ♏	jeudi 20
☺ 3 h 07	♏	vendredi 21

4 h 37

Lune montante

	Signe	Jour
	– 19 h 25 – ♐	samedi 22
	♐	dimanche 23
	– 3 h 34 – ♑	lundi 24
	♑	mardi 25
	– 2 h 18 – ♒	mercredi 26
Périgée 13 h 30	♒	jeudi 27
◑ 23 h 53	– 2 h 52 – ♓	vendredi 28
☊ 6 h 25	♓	samedi 29
	– 13 h 22 – ♈	dimanche 30

16–17 — Reprenez les poireaux arrachés. Coupez les racines à 1 cm et les feuilles à 20 cm. Plantez-les en rangs espacés de 30 cm. Éclaircissez les carottes, les radis d'été et d'automne semés les 9 et 10 mai, les endives semées les 28 et 29 mai. Éclaircissez les salsifis semés les 9 et 10 mai, en gardant un plant tous les 10 cm.

18–19 — Plantez les choux-fleurs semés le 3 mai tous les 60 à 70 cm, repiquez en pépinière ceux semés les 30-31 mai ainsi que les brocolis. Bouturez les deutzias, potentilles et seringats. Piquez les boutures dans des pots remplis d'un mélange léger. Conservez-les sous châssis.

20–21 — Tous les 50 à 60 cm d'écartement, plantez les choux de Bruxelles, de Milan et kale, semés les 5 et 6 mai. Enterrez la base des tiges, tassez le sol à la main ou au plantoir et arrosez. Éclaircissez les laitues, chicorées sauvages et italiennes semées les 1er et 2 juin. Paillez le sol entre les légumes installés.

22–23 — Semez en poquets enrichis de compost les courgettes 'Diamant' ou 'Verte de Milan'. Placez 3 graines par trou, à la levée, conservez le plus beau plant. Ces pieds prennent le relais des anciens atteints d'oïdium. Récoltez les tomates précoces, concombres, cornichons, les abricots, cerises, fraises, framboises et pêches.

24–25 — Semez des radis d'hiver 'Rose de Chine', 'Noir long poids d'horloge', 'Noir gros long d'hiver', 'Violet de Gournay' et des rutabagas 'Jaune à collet vert', en lignes espacées de 30 à 40 cm. Semez également des betteraves sur rangs larges distants de 30 cm.

26–27 — *Le 27, ne jardinez pas entre 8 h 25 et 18 h 35.*
Cueillez les fleurs à tisanes et faites-les sécher. En pépinière, semez des bisannuelles, pensée, pâquerette et des vivaces, agastache, ancolie, lin ; en place, en poquets, les lupins car ils supportent mal la transplantation.

28–29 — *Le 29, ne jardinez pas avant 11 h 30.*
Semez du pourpier 'Doré à larges feuilles', en lignes espacées de 20 cm ; des chicorées frisées et scaroles, en place, mais très clair. En milieu de journée, par temps sec, avant leur floraison, coupez les aromatiques (estragon, laurier, menthe, sarriette, romarin, sauge, thym), l'ortie et la consoude pour vos purins. Faites-les sécher.

30 — Récoltez les fruits et légumes-fruits à maturité.

Les nœuds lunaires ascendants ou descendants et les périodes de lunes montantes ou descendantes correspondent à des notions différentes. Ainsi peut-on avoir un nœud descendant en période de lune montante et inversement.

Vos observations personnelles

PERMACULTURE

Déchets verts et bruns. Les déchets à composter se classent en deux catégories. Les déchets verts sont humides et riches en azote. Ils se composent des tontes de gazon, des épluchures et fanes de légumes, des mauvaises herbes non montées à graines. Plus secs et ligneux, les déchets bruns sont riches en carbone, ce sont les feuilles mortes, les coupes d'arbustes broyés, la paille, la sciure, les cartons. Ces deux types de déchets seront alternés par couches de 20 cm. Si l'un ou l'autre est plus important à un moment donné, stockez-le à proximité du tas.

BIEN-ÊTRE

Plantain apaisant. Après une piqûre d'abeille, ôtez le dard, sans le serrer pour ne pas injecter du venin. Pour vous soulager si vous vous promenez dans la nature, frottez-la avec de jeunes feuilles de plantain lancéolé ou majeur. Le jus vert va calmer temporairement la douleur. Cette astuce est également efficace contre les piqûres de guêpes, de moustiques et d'orties dioïques.

Pailler le potager

https://www.youtube.com/watch?v=ZbmOQzhuy9w

Juillet 2024

Lune	Signe / changement	Jour	Événements
Lune montante	♈	lundi **1**	
Lune montante	♈ – 10 h 42 – ♉	mardi **2**	
Lune montante	♉	mercredi **3**	
Lune montante	♉	jeudi **4**	
2 h 02 – Lune descendante	♉ – 15 h 23 – ♊	vendredi **5**	
Lune descendante	♊	samedi **6**	● 0 h 57
Lune descendante	♊ – 1 h 03 – ♋	dimanche **7**	
Lune descendante	♋ – 14 h 34 – ♌	lundi **8**	
Lune descendante	♌	mardi **9**	
Lune descendante	♌	mercredi **10**	
Lune descendante	♌ – 15 h 03 – ♍	jeudi **11**	
Lune descendante	♍	vendredi **12**	Apogée 10 h 10
Lune descendante	♍	samedi **13**	☋ 0 h 26
Lune descendante	♍	dimanche **14** Fête nationale	◐ 0 h 48
	♍ – 10 h 48 – ♎	lundi **15**	
	♎	mardi **16**	

En régions douces, semez des haricots grimpants en lignes espacées de 70 cm, et partout, des variétés naines en rangs distants de 40 cm.

En rangs espacés de 20 à 30 cm, semez des radis d'hiver 'Rose de Chine', 'Noir gros long d'hiver', 'Noir long poids d'horloge', 'Violet de Gournay', 'Noir gros rond d'hiver'. Vous les éclaircirez après la levée en conservant un pied tous les 15 cm environ. En place, en rangs larges écartés de 30 cm, semez des carottes pour la conservation hivernale 'Nanco', 'de Meaux', 'de Chantenay à cœur rouge 2', 'de Colmar' ou 'Purple Haze'.

Bouturez le laurier-rose dans l'eau, les althéas, fuchsias, caryoptéris, buddléias, en pots, dans une mini-serre. Repiquez en pépinière les bisannuelles et vivaces semées les 30 et 31 mai. Tassez autour des pieds et arrosez.

Blanchissez quelques chicorées. Couvrez-les d'une cloche opaque ou liez les feuilles sans serrer. À récolter dans 10 jours quand les cœurs seront tendres. Plantez les céleris à côtes semés les 5 et 6 mai.

Taillez en vert les pommiers et les poiriers palissés vigoureux. Supprimez les gourmands des tomates, les pousses trop longues des courges et potirons. Préparez le sol avant de planter de nouveaux fraisiers en août. Désherbez et enlevez les cailloux. Étalez une couche de compost bien décomposé. Enfouissez-le en surface avec une bêche écologique. Taillez les rameaux des actinidias à la 4e feuille après le dernier groupe de fruits.

Le 12, ne jardinez pas avant 15 h 15.
Le 13, ne jardinez pas avant 5 h 35.

Si les fanes sont sèches, déterrez les pommes de terre de conservation sans les abîmer. Stockez-les dans un local sombre et frais. Préparez une parcelle non fumée récemment pour les semis d'oignons des 18-19 août. Arrachez l'ail, les échalotes et les oignons de couleur si les fanes sont jaunes, laissez-les se ressuyer au soleil et rentrez-les dans un local sec et aéré. Pour que l'ail reste blanc, protégez les têtes avec les fanes d'autres pieds.

Arrachez avec une motte humide les choux-fleurs et les brocolis semés les 30 et 31 mai. Plantez-les tous les 60 à 70 cm en tous sens, placez-les en quinconce d'un rang à l'autre. Enterrez les plants jusqu'aux premières feuilles

Les nœuds lunaires ascendants ou descendants et les périodes de lunes montantes ou descendantes correspondent à des notions différentes. Ainsi peut-on avoir un nœud descendant en période de lune montante et inversement.

Vos observations personnelles

PERMACULTURE

L'entretien du compost. Pour se décomposer les déchets verts et bruns ont besoin d'oxygène. Avec une fourche, mélangez-les une à deux fois par mois. Intervenez si la proportion entre les deux types de déchets n'est pas bonne. Si le compost est trop sec (les matériaux bruns sont trop nombreux), arrosez-le. Si à l'inverse il est trop humide et pâteux (il y a trop de déchets verts), ajoutez des matériaux bruns. Peu à peu les déchets vont se décomposer et ne plus être reconnaissables. Commencez alors à alimenter le deuxième composteur sur le même principe.

ANIMAUX

Recyclage des déchets. Tout comme le compost, quelques poules peuvent vous aider à recycler des fanes de légumes venant du potager ou des épluchures après une transformation culinaire. Attention, certaines plantes sont toxiques. Elles picoreront aussi des coquilles d'œufs, d'huîtres lavées pour ôter le sel, pour absorber du calcium.

Récolter les échalotes

https://www.youtube.com/watch?v=e4jxmBvOo-I

Juillet 2024

Lune descendante		♎	mardi 16
		3 h 57 – ♏	mercredi 17
		♏	jeudi 18
12 h 57		4 h 32 – ♐	vendredi 19
Lune montante	☉ ♋	♐	samedi 20
	🌕 12 h 17	12 h 06 – ♑	dimanche 21
		♑	lundi 22
		9 h 48 – ♒	mardi 23
	Périgée 7 h 40	♒	mercredi 24
		8 h 20 – ♓	jeudi 25
	☊ 7 h 32	♓	vendredi 26
		18 h 55 – ♈	samedi 27
	◑ 4 h 51	♈	dimanche 28
		16 h 21 – ♉	lundi 29
		♉	mardi 30
		♉	mercredi 31

pour renforcer leur enracinement. Tassez la base à la main ou bornez avec un plantoir. Arrosez copieusement. Paillez le sol avec des feuilles de bourrache.

Préparez le sol d'une nouvelle pelouse à semer le 19 septembre. Ameublissez la surface, ôtez les cailloux, égalisez-la et roulez-la. Vous éliminerez plusieurs fois les adventices qui vont germer en Cancer ou Scorpion. Éclaircissez les chicorées semées les 28 et 29 juin.

Greffez en écusson les pommiers, les poiriers et les pruniers. Prélevez les greffons, enlevez les morceaux de bois à l'arrière sans abîmer les yeux. Conservez un morceau du pétiole à chaque écusson. Glissez-les dans une incision en T, ligaturez avec du raphia. La greffe est réussie si le pétiole tombe 15 jours après.

En place, en rangs espacés de 20 cm, semez des navets à récolter en octobre-novembre. Choisissez 'Blanc dur d'hiver', 'Jaune boule d'or', 'Rave d'Auvergne hâtive', 'Petrowski'. Répartissez bien les graines. Fermez les sillons, tassez et arrosez.

Le 24, ne jardinez pas avant 12 h 45.

Greffez les églantiers en écusson avec des greffons prélevés sur vos rosiers (voir les fruitiers, les 19 et 20 juillet). En pépinière, semez en lignes, des myosotis, pensées, violas et pâquerettes. Identifiez les fleurs.

Le 26, ne jardinez pas avant 12 h 40.

En lignes, tous les 20 à 30 cm, semez la mâche 'à Grosse graine' ou 'd'Italie à feuille de laitue' après des pois ou des fèves. À récolter avant les grands froids. Semez aussi le chou de Chine, en rangs distants de 30 cm ; des chicorées frisées et scaroles, en lignes espacées de 40 cm, écartez bien les graines.

Récoltez les aubergines, concombres, cornichons, courgettes, melons, piments, poivrons, tomates ; abricots, fraises, framboises, myrtilles, pêches, arrivés à maturité. Cueillez les haricots verts ou à écosser en frais. Consommez-les rapidement ou transformez-les.

En place, semez des radis d'hiver 'Rose de Chine', 'Noir gros long d'hiver', 'Noir long poids d'horloge', 'Noir gros rond d'hiver', 'Violet de Gournay'. Semez des scorsonères pour les récoltes de l'an prochain. Ouvrez des sillons tous les 25 cm, dispersez les graines et couvrez-les de 3 cm de terre fine. Tassez au râteau et arrosez. Maintenez frais jusqu'à la levée.

Les nœuds lunaires ascendants ou descendants et les périodes de lunes montantes ou descendantes correspondent à des notions différentes. Ainsi peut-on avoir un nœud descendant en période de lune montante et inversement.

Vos observations personnelles

BIODYNAMIE

Utile consoude. Elle est l'alliée du jardinier et s'utilise de mai à septembre. Coupez-la de préférence en lune montante et en Poissons. Riches en azote et en potassium, ses grandes feuilles peuvent s'utiliser directement en paillage du sol ou être incorporées au compost. Elles se transforment également en purin pour stimuler la croissance des légumes. Faites macérer 1 kg de feuilles fraîches dans 10 l d'eau de pluie. Remuez tous les jours jusqu'à la disparition des bulles d'air en surface. Filtrez et utilisez-le, à raison de 2 l de purin pour 8 l d'eau. Arrosez le sol autour des légumes gourmands : aubergines, courges, poivrons, tomates, artichauts, céleris, choux et les petits fruits.

BIEN-ÊTRE

Pieds soulagés. Les pieds gonflent avec la chaleur, appliquez ce baume bienfaisant. Chauffez doucement 3 cuillerées à café d'huile d'olive, 2 cuillerées à café de cire d'abeille et 10 g de beurre de karité. Une fois refroidit, ajoutez 10 gouttes d'huile essentielle de citron et autant de rose. Conservez dans un pot en verre durant 6 mois. Massez les pieds après la toilette.

Utiliser la bourrache au jardin

https://www.youtube.com/watch?v=88WO24KLf88

Août 2024

Lune montante
7 h 51

Lune descendante

♉		jeudi **1**
— 22 h 07 —		
♊		vendredi **2**
— 8 h 14 —		samedi **3**
♋	● 13 h 12	dimanche **4**
— 22 h 04 —		
♌		lundi **5**
		mardi **6**
		mercredi **7**
— 22 h 38 —		
♍		jeudi **8**
	☋ 3 h 06 Apogée 3 h 31	vendredi **9**
	☉ ♌	samedi **10**
		dimanche **11**
— 18 h 52 —		
♎	◐ 17 h 18	lundi **12**
— 12 h 39 —		mardi **13**
♏		mercredi **14**
— 14 h 05 —		jeudi **15** Assomption
♐	22 h 05	vendredi **16**

Lune montante

Selon vos besoins, arrachez des légumes-racines et consommez-les rapidement.

Plantez les bulbes à floraison automnale, colchique, crocus, cyclamen, safran, sternbergia et le lis de la Madone. Repiquez les bisannuelles et les vivaces semées les 26-27 juin.

Taillez les haies d'arbustes persistants, topiaires et bordures de buis. Nettoyez les endroits envahis par les ronces ou les prunelliers. Coupez-les près du sol ou arrachez-les. Préparez le sol d'une nouvelle pelouse.

Installez les fraisiers remontants ou non. Hydratez les mottes, dépotez-les ou pralinez les racines nues. Installez-les dans des trous enrichis de compost, sans enterrer le collet. Tassez et arrosez dans une cuvette de terre. Taillez les gourmands des tomates qui naissent à l'aisselle des feuilles, les pousses trop longues ou stériles des concombres, courges et potirons. Taillez à 2 feuilles les repousses sur les actinidias.

Le 9, ne jardinez pas avant 8 h 40.

Selon vos besoins, arrachez les betteraves, les céleris-raves, les carottes, les navets, les poireaux et les radis d'été. Consommez-les rapidement, ils sont gorgés de vitamines et de minéraux ou transformez-les pour l'hiver. Déterrez les pommes de terre de conservation, les oignons, les échalotes et l'ail. Conservez-les dans des cageots quand ils sont ressuyés, dans un local bien ventilé et frais. Protégez les pommes de terre de la lumière. Éclaircissez les navets semés le 22 juillet.

Plantez les pivoines herbacées, iris et hémérocalles dans un sol enrichi avec du compost mûr. Bouturez les rosiers. Prélevez des rameaux de 15 cm de long, ôtez les feuilles basales et installez-les dans un mélange léger.

Blanchissez des chicorées durant 10 jours, des céleris à côtes 2 à 3 semaines et des cardons 3 à 4 semaines, avant de les récolter. Ils seront plus blancs et tendres. Bouturez le laurier-sauce, le romarin, la sarriette et la sauge. Placez les rameaux en pot, dans un mélange léger, et sous châssis.

Arrachez les haricots à écosser en sec. Mettez les grains quelques jours au congélateur pour éliminer les bruches, des parasites qui les rendent véreux. Récoltez les pommes et poires d'été, fraises et framboises remontantes.

Les nœuds lunaires ascendants ou descendants et les périodes de lunes montantes ou descendantes correspondent à des notions différentes. Ainsi peut-on avoir un nœud descendant en période de lune montante et inversement.

Vos observations personnelles

PERMACULTURE

À ne pas composter. N'incorporez pas au compost les litières des animaux domestiques, les restes des repas (déchets de viande, os) et le sable. Certains aliments se décomposent lentement (zestes d'agrumes, peau de banane, feuilles coriaces) ou freinent la décomposition (oignon, vert de poireau) et il est préférable de ne pas les mettre. Les feuilles et fruits malades ou parasités peuvent aussi poser problème. Si la fermentation du tas est élevée, les spores des maladies, les insectes (œufs, larves ou adultes) seront détruits. Mais, en automne et en zone montagneuse, ce n'est pas le cas. Ces maladies et ravageurs pourront alors peut-être contaminer des plantes lors de l'utilisation du compost. Soyez méfiants. En grandes quantités, les coupes de conifères vont acidifier le compost et donc le sol. Les plantes de terre de bruyères vont apprécier, les légumes, notamment les choux beaucoup moins.

BIEN-ÊTRE

De beaux yeux. Le bleuet est la fleur des yeux. Elle agit contre les conjonctivites, les irritations, la fatigue oculaire due notamment aux écrans. Faites infuser 5 pincées de pétales frais ou secs par tasse durant 20 minutes. Laissez tiédir et appliquez des compresses de cette préparation bienfaisante sur les paupières ou réalisez des bains yeux.

Planter des colchiques

https://www.youtube.com/watch?v=ziwUzFLoSyQ

Août 2024

Lune	Événements	Signe	Jour	Conseils
Lune montante		♐	vendredi **16**	**R**écoltez les graines de tomates que vous voulez conserver. Choisissez des fruits bien mûrs, sur des pieds sains. Versez les semences et leur jus dans un verre avec un peu d'eau, laissez moisir. Lavez-les, faites-les sécher et identifiez-les. Stockez-les dans des sachets en papier.
		♐	samedi **17**	
		– 22 h 06 –		
		♑	dimanche **18**	**S**emez en pépinière, les oignons rouges 'Pâle de Niort', 'de Brunswick', 'de Florence', jaunes 'Espagnol', 'Paille des vertus', en régions douces, et partout, les blancs 'de Barletta', 'de Vaugirard', 'de Paris'. Semez en place, très clair, des poireaux « baguettes » à récolter en mai 2025.
	☺ 20 h 25	♑	lundi **19**	
		– 19 h 25 –		
		♒	mardi **20**	***Le 21, ne jardinez pas avant 12 h 10.*** **P**our une floraison précoce l'an prochain, semez en place les annuelles peu frileuses (alysse odorante, pied-d'alouette, pavot de Californie). Semez en poquet de 5 graines. Greffez les églantiers en écusson.
	Périgée 7 h 01	♒	mercredi **21**	
		– 16 h 22 –		
	☊ 12 h 26	♓	jeudi **22**	***Le 22, ne jardinez pas avant 17 h 35.*** **S**emez de la mâche et des épinards. En régions douces, en pépinière, semez des choux cabus 'Cœur de bœuf', 'Roi des précoces'. Sur la surface préparée, répartissez les graines de gazon en deux passages croisés. Couvrez de terreau et roulez. Arrosez, puis s'il ne pleut pas, durant 3 à 4 semaines. Semez de la moutarde sur les parcelles libres.
		♓	vendredi **23**	
		– 1 h 41 –		
		♈	samedi **24**	**R**écoltez les fruits et les légumes-fruits de saison arrivés à maturité. Coupez quelques feuilles autour des tomates et des grappes de raisin pour qu'elles mûrissent plus vite. Les fruits seront également plus sucrés.
		♈	dimanche **25**	
		– 22 h 08 –		
	◐ 11 h 25	♉	lundi **26**	**S**emez en place, en lignes espacées de 20 cm, les radis de tous les mois 'de Dix-huit jours', 'Flamboyant 5', 'Gaudry 2', 'National 2', 'Pernot', 'Mirabeau'. Éclaircissez quelques jours après la levée. S'il ne pleut pas, arrosez régulièrement pour que les radis ne soient pas piquants. En place, en écartant bien les graines, semez des poireaux « baguettes » ; en pépinière, en régions douces, des oignons jaunes ou rouges, et partout, des blancs.
		♉	mardi **27**	
	12 h 57	♉	mercredi **28**	
Lune descendante		– 3 h 42 –		
		♊	jeudi **29**	**D**ivisez des touffes anciennes de pivoines herbacées, d'iris et d'hémérocalles si elles fleurissent moins ou pour les déplacer. Conservez les éclats de la périphérie, jetez les centres. Installez-les au soleil et en sol drainé.
		♊	vendredi **30**	
		– 14 h 09 –		
		♋	samedi **31**	**B**outurez les arbustes à feuillage persistant, éléagnus, fusain, if, thuya. Placez les pots sous châssis, aérez souvent en milieu de journée. Vous les protégerez avec des paillassons en hiver.

Les nœuds lunaires ascendants ou descendants et les périodes de lunes montantes ou descendantes correspondent à des notions différentes. Ainsi peut-on avoir un nœud descendant en période de lune montante et inversement.

Vos observations personnelles

PERMACULTURE

Boutures économiques. Si vous possédez un grand jardin, bouturez les arbustes déjà installés ou prélevez-en chez des amis pour créer de nouvelles haies (voir les 30 et 31 ci-contre). Vous ferez des économies et abriterez votre jardin du vent. La zone protégée est égale à environ dix fois la hauteur de la haie. Autre atout, moins hermétique qu'un mur ou un bâtiment, elle ne crée pas de turbulence. Associez ces arbustes persistants à d'autres caducs ou à des arbres pour augmenter la distance de protection. Une haie est alors idéale pour installer derrière des plantes plus fragiles, un peu à la limite de la rusticité dans votre région.

ANIMAUX

Lapin géant blanc de Bouscat. Tout blanc avec des yeux rouges, ce grand lapin pèse au moins 6 kg. Son corps est massif et allongé, ses pattes arrière vigoureuses. Ses poils soyeux sont assez longs et denses. Il apprécie le calme et un grand clapier où il peut suffisamment bouger. Affectueux, il est un peu sensible au stress.

Cultiver la moutarde

https://www.youtube.com/watch?v=ZW_cvrlA8jc

Septembre 2024

Lune descendante

4 h 23 — dimanche **1** — ♌

lundi **2**

● 3 h 55 — mardi **3**

Placez une pierre plate sous les potirons. Plantez les fraisiers tous les 30 cm en espaçant les rangs de 40 cm. S'ils sont à racines nues, étalez les racines pralinées sur une petite butte. Rebouchez sans enterrer le collet. Après la récolte, taillez les pêchers et les abricotiers après les 2 rameaux de remplacement de la base, ils fructifieront l'an prochain. Installez les petits fruits en conteneur.

5 h 22 — mercredi **4** — ♍

☋ 7 h 43 — Apogée 16 h 53 — jeudi **5**

vendredi **6**

samedi **7**

Le 5, ne jardinez pas.

Selon vos besoins, arrachez les betteraves, les céleris-raves, les carottes, les navets, les panais, les poireaux et les radis d'automne. Consommez-les rapidement ou transformez-les pour l'hiver. Déterrez les dernières pommes de terre avec une fourche-bêche pour ne pas abîmer les tubercules. Laissez-les se ressuyer quelques heures sur le sol. Frottez-les à la main. Conservez-les dans un local bien ventilé et à l'abri de la lumière.

1 h 49 — dimanche **8** — ♎

lundi **9**

Dans le Midi, installez les œilletons d'artichaut. Plantez les bisannuelles et vivaces semées les 30 et 31 mai ; les narcisse, crocus, perce-neige, anémone blanda. Repiquez en pépinière les bisannuelles semées les 23 et 24 juillet. Marcottez la passiflore.

20 h 08 — mardi **10** — ♏

◐ 8 h 05 — mercredi **11**

Blanchissez les chicorées 10 jours, les céleris à côtes 2 à 3 semaines et les cardons 3 à 4 semaines avant de les récolter. Repiquez en pépinière, les choux cabus semés les 22 et 23 août. Enterrez la base des plants.

6 h 42

Lune montante

22 h 42 — jeudi **12** — ♐

vendredi **13**

Ne laissez pas les parcelles libres du potager nues, les pluies tassent le sol. Semez à la volée, de l'avoine ou du seigle (1 kg à 1,5 kg pour 100 m²). Associez-les à de la vesce (200 g pour 100 m²) qui s'accrochera à leurs tiges et apportera de l'azote au sol. Ces plantes produisent beaucoup de matières organiques à broyer et enfouir en surface en mars-avril 2025.

8 h 11 — samedi **14** — ♑

dimanche **15**

À bonne exposition ou sous châssis, semez des radis de tous les mois. Enterrez les graines des variétés demi-longues 'Flamboyant 5', 'Pernot' de 3 cm et recouvrez très peu celles des radis ronds 'Cherriette' ou 'National 2'. Arrosez en pluie fine et maintenez le sol frais.

☉ ♍ — 6 h 10 — lundi **16** — ♒

Semez 6 graines de pois de senteur annuels par pot de 10 cm de diamètre. Remplissez-les d'un mélange léger

Les nœuds lunaires ascendants ou descendants et les périodes de lunes montantes ou descendantes correspondent à des notions différentes. Ainsi peut-on avoir un nœud descendant en période de lune montante et inversement.

Vos observations personnelles

BIOCONTRÔLE

La mineuse du poireau. Les larves dévorent les feuilles et forment des mines rectilignes qui ne pourrissent pas. Les dégâts sont plus importants en septembre-octobre qu'en mai-juin. Les poireaux les plus touchés sont inconsommables. Les larves hivernent dans le sol. Les adultes apparaissent au printemps et pondent à la base des poireaux. Le cycle recommence. En prévention, dès maintenant, pulvérisez une décoction de tanaisie pure deux fois par semaine. Tendez un voile anti-insectes sur des arceaux au-dessus des poireaux sans qu'il touche les feuilles. Ne jetez pas les résidus de culture au compost. Attendez juillet pour planter les premiers poireaux, vous échapperez à la première génération de la mineuse.

BIEN-ÊTRE

Fortifiante livèche. Appelée également ache des montagnes, la livèche ressemble à un céleri à côtes en plus haut et avec un parfum plus prononcé. Pour renforcer votre tonus, ciselez des feuilles fraîches ou effritez-les si elles sont sèches dans votre assiette. Contre les flatulences et les ballonnements, buvez une infusion (1 cuillerée à soupe de graines par tasse d'eau) après les repas.

Marcotter la passiflore

https://www.youtube.com/watch?v=HXEEqx2Pbh4

Septembre 2024

Lune	Heure / signe	Jour
Lune montante ☉ ♍	6 h 10 ♒	lundi 16
		mardi 17
🌕 4 h 34 Éclipse partielle de Lune 4 h 44 Périgée 15 h 22 ☊ 21 h 50	2 h 50 ♓	mercredi 18
		jeudi 19
	10 h 47 ♈	vendredi 20
		samedi 21
Équinoxe d'automne 14 h 43	5 h 44 ♉	dimanche 22
		lundi 23
18 h 51 Lune descendante ◑ 20 h 49		mardi 24
	9 h 31 ♊	mercredi 25
	19 h 45 ♋	jeudi 26
		vendredi 27
	10 h 05 ♌	samedi 28
		dimanche 29
		lundi 30

et bien drainé, préparé par tiers de terre, de terreau et de sable. Hivernez-les sous châssis car ils ne sont pas très rustiques. À protégez avec des paillassons par temps froid. Vous les planterez au printemps. Ils fleuriront plus tôt que les semis réalisés en mars-avril.

Le 18, ne jardinez pas.

Semez en lignes les épinards 'Monstrueux de Viroflay', 'Multoverde', 'Géant d'hiver', la mâche 'Verte d'Étampes', 'Verte de Cambrai', 'Coquille de Louviers' ; en pépinière, les laitues d'hiver. Protégez si besoin avec un tunnel et des limaces. Semez du gazon sur une surface abîmée.

Récoltez les fruits et petits fruits arrivés à maturité, les aubergines, concombres, cornichons, courges, courgettes, haricots, physalis, piments, poivrons et tomates. Consommez-les en frais ou transformez le surplus.

Sous châssis ou sous tunnel, semez quelques radis de tous les mois 'Gaudo', 'Gaudry 2', 'Flambo'. Enterrez peu les graines des variétés rondes. Tassez le sol et arrosez en pluie fine. Vous les éclaircirez après leur germination et les récoltez dans 3 à 4 semaines. En place, en lignes espacées de 30 à 40 cm, semez du chervis. Dispersez bien les graines et couvrez-les légèrement de terre fine. Tassez au râteau et arrosez en douceur.

Installez les arbustes de terre de bruyère en sol acide et riche, les vivaces en godet en respectant les distances de plantation. Tassez et arrosez. Divisez ou plantez tous les 10 cm le muguet à la mi-ombre. Enterrez peu les griffes.

Plantez les conifères et les persistants vendus en conteneurs. Hydratez les mottes, dépotez-les et placez-les en terre, à peine enterrés. Arrosez copieusement dans une cuvette de terre.

Mettez en place les derniers fraisiers, le collet juste au-dessus du sol. Installez les petits fruits vendus en conteneurs, espacez les pieds de 1 m. Prévoyez une armature pour les framboisiers. Plantez des noisetiers vendus en pot. Ouvrez les trous de plantation des fruitiers à installer en novembre et en décembre. Ramassez les fruits abîmés et jetez-les (pas au compost).

Les nœuds lunaires ascendants ou descendants et les périodes de lunes montantes ou descendantes correspondent à des notions différentes. Ainsi peut-on avoir un nœud descendant en période de lune montante et inversement.

Vos observations personnelles

PERMACULTURE

Diviser la ciboulette. Après deux à trois ans de culture, le pied d'origine peut être divisé pour augmenter ou renouveler la touffe. Arrachez-la avec une fourche-bêche en lune descendante devant les constellations du Cancer ou du Scorpion. Secouez la terre et séparez en plusieurs petites touffes. Jetez le centre, plus ancien, gardez seulement les éclats de la périphérie. Taillez les racines les plus longues. Plantez en ligne, en bordure d'une allée pour faciliter les récoltes. Ouvrez des trous tous les 20 cm et placez un éclat en respectant la profondeur d'origine. Bouchez, tassez à la main et arrosez copieusement. Maintenez le sol frais le temps de la reprise.

ANIMAUX

Lapin bélier français. Sa tête puissante avec un front large est encadrée par ses oreilles pendantes. Son corps est ramassé, large et profond avec une forte musculature et des pattes antérieures courtes. Son pelage est long et dense, le plus souvent gris, blanc ou noir. Ce lapin de compagnie adore les caresses et aime jouer. À confier à des adolescents car il pèse plus de 5 kg. Offrez-lui un clapier assez grand et contentez son excellent appétit.

Semer du gazon
https://www.youtube.com/watch?v=VwTS1uZ6jYM

Octobre 2024

Lune	Signe	Jour	Conseils
Lune descendante	♌ — 11 h 28 —	mardi **1**	Coupez les framboisiers non remontants.
☋ 13 h 51 Éclipse annulaire de Soleil 20 h 45 ● 20 h 49 Apogée 21 h 38	♍	mercredi **2**	***Le 2, ne jardinez pas.*** À un endroit bien exposé, drainé, non fumé récemment, plantez des oignons semés les 18 et 19 août. Coupez l'extrémité des feuilles et les racines à 1 cm du bulbe. Espacez les lignes de 15 cm et les oignons de 8 cm. Récoltez les légumes gélifs et mettez-les en silo. Protégez les autres. En toutes régions, installez l'échalote grise en rangs espacés de 30 cm, couvrez à peine les pointes. Tamisez et utilisez le compost ancien. Arrachez les endives et laissez-les sécher.
		jeudi **3**	
		vendredi **4**	
	— 7 h 52 —	samedi **5**	Plantez les bulbes d'ails d'ornement, de jacinthes, narcisses, tulipes. Enterrez-les de 2 à 3 fois leur hauteur. Installez les fleurs semées les 26-27 juin. Après le premier gel, arrachez et stockez les bulbes d'été. Protégez les pieds d'artichaut en régions froides.
	♎	dimanche **6**	
	— 2 h 18 —	lundi **7**	Reprenez les endives arrachées. Coupez les feuilles à 3 cm de leur base et les racines à 20 cm. Plantez-les dans une fosse au jardin ou une caisse en cave. Comblez les vides avec de la terre et arrosez. Selon les variétés, couvrez de terre ou de paille et d'un plastique noir. Installez les choux cabus semés les 22-23 août.
	♏	mardi **8**	
13 h 43	— 5 h 34 —	mercredi **9**	Pour obtenir des porte-greffes, stratifiez dans du sable des noyaux de pêches, d'abricots et de prunes. Enterrez les pots au pied d'un mur au nord, protégez-les d'un grillage. En régions douces, semez les pois à grains ronds, 'Douce Provence', 'Roi des conserves', 'Serpette Guilloteaux', 'Corne de bélier' et les fèves 'd'Aguadulce à très longue cosse' ou 'Trois fois blanche'.
Lune montante ◐ 20 h 55	♐	jeudi **10**	
	— 16 h 45 —	vendredi **11**	
	♑	samedi **12**	Sous châssis ou sous tunnel, semez des carottes courtes de type grelot 'Marché de Paris 4'. Dégermez les pommes de terre pour qu'elles ne se vident pas de leurs réserves. Contrôlez les légumes stockés en silo. Consommez rapidement ceux qui commencent à s'abîmer.
	— 16 h 16 —	dimanche **13**	
	♒	lundi **14**	Selon vos besoins, récoltez les brocolis, les choux-fleurs d'automne et le safran. Détachez et faites sécher les stigmates. Devant un support, semez le pois de senteur vivace en poquets espacés de 50 cm. Repérez les endroits car la levée ne se fera qu'en mars-avril 2025.
	— 13 h 54 —	mardi **15**	
☊ 9 h 05	♓	mercredi **16**	***Le 16 ne jardinez pas avant 14 h 10.*** Coupez les tiges de l'estragon à 10 cm du sol. Couvrez avec une bonne couche de feuilles sèches ou de paille. Maintenez avec un grillage ou quelques bâtons.

Les nœuds lunaires ascendants ou descendants et les périodes de lunes montantes ou descendantes correspondent à des notions différentes. Ainsi peut-on avoir un nœud descendant en période de lune montante et inversement.

Vos observations personnelles

PERMACULTURE

Utiliser le compost. Après plusieurs mois, le compost est prêt à être employé. S'il est à moitié mûr, étalez-le en surface sur les planches libres du potager. Il finira sa décomposition et sera incorporé au sol par les vers de terre. Les surfaces seront ensemencées au printemps. Il convient aussi sous cette forme aux arbres fruitiers. L'air est indispensable pour achever la décomposition. Vous pouvez aussi le tamiser pour enlever les plus gros débris que vous remettrez au fond du composteur une fois vide. Plus fin, le compost se mélange à la terre pour à la fois l'enrichir et l'alléger.

ANIMAUX

Réserves de miel. Avant les fortes gelées, par une belle journée ensoleillée, contrôlez les réserves dont dispose chaque ruche. Si elles sont insuffisantes, apportez du sucre candi. En régions froides, isolez le toit et les côtés, réduisez les entrées avec des grilles.

Planter des ails d'ornement

https://www.youtube.com/watch?v=W9fWQzHFnwU

Octobre 2024

Lune montante	☊ 9 h 05	♓	mercredi 16
Lune montante	Périgée 2 h 50 ; ○ 13 h 26	♓ – 21 h 44	jeudi 17
Lune montante		♈	vendredi 18
Lune montante		♈ – 15 h 39	samedi 19
Lune montante		♉	dimanche 20
Lune montante	2 h 43	♉	lundi 21
Lune descendante		♉ – 17 h 01	mardi 22
Lune descendante		♊ – 2 h 29	mercredi 23
Lune descendante	◐ 10 h 03	♋	jeudi 24
Lune descendante		♋ – 16 h 20	vendredi 25
Lune descendante		♌	samedi 26
Lune descendante		♌	dimanche 27
Lune descendante		♌ – 16 h 38	lundi 28
Lune descendante	☋ 18 h 43 ; Apogée 23 h 50	♍	mardi 29
Lune descendante	☉ ♎	♍	mercredi 30
Lune descendante		♍	jeudi 31

Le 16 ne jardinez pas avant 14 h 10.
Le 17, ne jardinez pas avant 7 h 55.

Cueillez la mâche, les épinards et laitues pommées. En régions froides, protégez-les sous un tunnel. Après les premières gelées, récoltez les choux de Bruxelles en commençant par les pommes du bas des tiges.

Après les premières gelées, cueillez les nèfles communes et les kakis. Posez les fruits sans qu'ils se touchent dans des cageots garnis d'une couche de paille. Vous les dégusterez dans quelques semaines quand ils seront blets.

Sous châssis, en lignes espacées de 20 cm, semez des radis ronds ou demi-longs. Stratifiez les graines de cerfeuil tubéreux. Semez-les dans un pot contenant du sable. Couvrez d'un grillage pour les protéger des oiseaux et des rongeurs, enterrez le pot au pied d'un mur orienté face au nord. Vous les sèmerez en mars 2025. Le froid facilite la germination des graines.

Installez les bisannuelles semées les 23-24 juillet. Par beau temps, arrachez les bégonias tubéreux, dahlias, cannas et glaïeuls. Stockez-les au sec. Déterrez et jetez les annuelles. Plantez les arbustes à fleurs.

Selon vos besoins, blanchissez des chicorées, cardons, céleris à côtes et pissenlits. Coupez et jetez à la déchetterie les tiges des asperges. Nivelez les buttes et apportez du compost. Plantez les laitues d'hiver semées le 19 septembre.

Cueillez les fruits momifiés qui restent accrochés aux branches des arbres et ramassez les feuilles au sol. Éliminez-les, ne les jetez pas au compost. Bouturez vos figuiers après la chute des feuilles, sinon attendez les 22, 23 et 24 novembre. Prélevez des rameaux avec une crossette. Arrachez les rejets de framboisiers trop éloignés du pied d'origine et replantez-les ailleurs pour renouveler les plants.

Le 29, ne jardinez pas après 13 h 35.

Dans le Midi, plantez les échalotes 'Jermor', 'Longor', 'Mikor', 'Golden Gourmet', 'Melkior', 'Méloine', 'Red Sun'. Séparez les rangs de 25 cm et les caïeux de 15 cm, la pointe à peine enterrée. Plantez également l'ail blanc et violet, les oignons semés les 26 et 27 août. Récoltez des crosnes, salsifis, scorsonères, raiforts, topinambours, panais et poireaux selon vos besoins. Paillez le sol autour des légumes pour continuer l'arrachage même quand il gèlera.

Les nœuds lunaires ascendants ou descendants et les périodes de lunes montantes ou descendantes correspondent à des notions différentes. Ainsi peut-on avoir un nœud descendant en période de lune montante et inversement.

Vos observations personnelles

PERMACULTURE

L'oseille commune. Connue depuis l'Antiquité, l'oseille se cultive en sol frais, riche, non calcaire, à la mi-ombre ou au soleil doux. Elle reste en place plusieurs années, aussi cultivez-la en bordure. Achetez-la en godet et plantez-la en lune descendante devant les constellations du Cancer ou du Scorpion. Ouvrez un trou dans un sol ameubli. Enrichissez la terre de compost mûr et replacez-en une partie au fond. Hydratez la motte, dépotez et mettez-la en place. Bouchez, tassez et arrosez. Vous la récolterez à partir de l'an prochain. Coupez alors les tiges des plus grandes feuilles situées à la périphérie. Les pieds se divisent tous les trois ans en mars-avril.

ANIMAUX

Poule de Gournay. Originaire de Normandie, cette race ancienne présente un corps allongé avec des formes arrondies. Elle a besoin de beaucoup d'espace pour courir et peut rester longtemps dehors car elle supporte bien les intempéries. Un petit poulailler ne lui conviendra pas. Facile à élever, elle pèse au moins 2 kg et ses œufs blancs autour de 60 g. Elle en produit environ 170 par an ce qui en fait une bonne poule pondeuse.

Récolter des nèfles

https://www.youtube.com/watch?v=V80pFrtqg_s

Novembre 2024

Lune descendante

● 13 h 47 – ♍ – 12 h 52 – ♎ – 7 h 01 – ♏ – 10 h 11 – 18 h 09

Lune montante

♐ – 22 h 12 – ♑ – ◐ 6 h 55 – 23 h 13 – ♒ – 22 h 10 – ☊ 16 h 58 – ♓ – Périgée 12 h 15 – 7 h 44 – ♈ – ☺ 22 h 28 – 1 h 43 – ♉

vendredi **1** Toussaint

En toutes régions, plantez l'échalote 'Griselle'.

samedi **2**

Dans les massifs, coupez les tiges sèches sauf sur les plantes peu rustiques et les graminées. Plantez les glycines, bignones et clématites. Réduisez la hauteur des rosiers arbustifs.

dimanche **3**

lundi **4**

Forcez des endives. Plantez les racines préparées dans une fosse au jardin ou une caisse en cave. Abritez-les de la lumière pour que les chicons se forment. Plantez des hêtres, troènes, éléagnus, charmes ; les grimpantes, lierres et vignes vierges devant un support adapté à leur développement.

mardi **5**

mercredi **6**

jeudi **7**

En régions douces, semez les fèves 'de Séville à longue cosse', 'd'Aguadulce à très longue cosse' et les pois à grains ronds 'Caractacus', 'Petit provençal', 'Douce Provence'. Binez après la levée, puis buttez. Dans le Midi, récoltez les olives de table. En pots, stratifiez des pépins de pommes, de poires dans du sable.

vendredi **8**

samedi **9**

Dégermez à la main les pommes de terre pour qu'elles ne se vident pas de leurs réserves. Contrôlez les légumes conservés en silo, au jardin ou à la cave. Éliminez ceux qui pourrissent avant qu'ils contaminent les autres. Consommez rapidement ceux qui commencent à s'abîmer.

dimanche **10**

lundi **11** Armistice 1918

Devant un support, semez le pois de senteur vivace. Ouvrez des poquets tous les 50 cm et placez 4 à 5 graines. Bouchez, tassez et arrosez. Repérez les emplacements. À la maison, humidifiez l'air pour vos plantes à fleurs. Placez une couche de billes d'argile dans les soucoupes, versez 2 à 3 cm d'eau et posez les pots dessus.

mardi **12**

mercredi **13**

Le 12, ne jardinez pas après 11 h 50.

Récoltez la mâche, les épinards, choux de Bruxelles et laitues. Protégez les plus fragiles. Dans un germoir, faites germer des graines de lentilles, pois chiche ou soja. À la maison en pot ou en terrine, semez des pépins d'agrumes. Vous obtiendrez de jolies plantes vertes à l'allure exotique.

jeudi **14**

vendredi **15**

Le 14, ne jardinez pas.

Dans les régions douces, semez les pois à grains ronds et les mangetout. Écartez les sillons de 30 cm pour les nains, de 40 cm pour les grimpants, et les grains de 3 cm. Couvrez-les, tassez au râteau et arrosez.

samedi **16**

Sous châssis, semez quelques radis ronds 'Gaudo', 'Gaudry 2' en lignes espacées de 20 cm.

Les nœuds lunaires ascendants ou descendants et les périodes de lunes montantes ou descendantes correspondent à des notions différentes. Ainsi peut-on avoir un nœud descendant en période de lune montante et inversement.

Vos observations personnelles

PERMACULTURE

Un lierre en haie. Si le lierre se palisse souvent sur un mur, il est peu planté en haie. Pour cet usage choisissez le lierre arborescent (*Hedera helix* 'Arborescens') qui forme naturellement un buisson de 1,50 à 1,80 m de haut et de large. Il est précieux pour les auxiliaires. Très mellifères, ses fleurs qui s'épanouissent en automne, permettent aux butineurs de faire des réserves avant l'hiver. Ses fruits nourrissent ensuite les oiseaux pendant la mauvaise saison. Ses rameaux et ses feuilles persistantes les abritent du froid. Plantez-le en lune descendante, devant les constellations du Cancer et du Scorpion. S'il devient trop encombrant, taillez-le au printemps, en dehors des périodes de nidification. Il se contente d'un sol ordinaire et de toute exposition pas trop chaude.

ANIMAUX

Poule Sussex. Originaire d'Angleterre, cette race très ancienne est à la fois bonne pondeuse (230 à 250 petits œufs par an), bonne couveuse et volaille de chair. Elle pond même en hiver. De grande taille, elle pèse entre 3 et 4 kg. Son dos est large, ses cuisses musclées et son plumage bien fourni. Il est généralement blanc herminé de noir ou tricolore. Son élevage est facile, même pour un débutant.

Planter un hêtre

https://www.youtube.com/watch?v=4H3ZUN5BrRo

Novembre 2024

Lune montante

- 1 h 43
- samedi **16**
- dimanche **17** — ♉
- lundi **18**
- 11 h 19

Lune descendante

- 1 h 35
- mardi **19** — ♊
- 10 h 08
- mercredi **20**
- jeudi **21** — ♋
- 23 h 07
- vendredi **22**
- ◑ 2 h 27 — ☉ ♏
- samedi **23** — ♌
- dimanche **24**
- 23 h 38
- lundi **25**
- ☋ 22 h 32
- Apogée 12 h 55
- mardi **26** — ♍
- mercredi **27**
- jeudi **28**
- 19 h 44
- vendredi **29** — ♎
- samedi **30**
- 13 h 33 — ♏

Semez sous abri des carottes de type grelot 'Marché de Paris 4' ou courtes 'Aron', 'Caracas', 'Katrin'. Ouvrez des sillons, répartissez les graines, fermez-les et arrosez en pluie fine. Vous les éclaircirez quelques jours après la levée en conservant un plant environ tous les 5 cm. Aérez souvent, mais peu de temps, par temps doux. Protégez des limaces avec des granulés de phosphate ferrique.

S'il ne gèle pas, plantez les rosiers et arbustes à fleurs à racines nues. Pralinez les racines dans une boue épaisse. Laissez hors de terre les points de greffe des rosiers, mais buttez-les. Renforcez les protections des artichauts.

Taillez les grosses touffes de noisetiers et les cannes de bambous âgées de 3 à 5 ans qui serviront de tuteurs. Forcez des endives dans une caisse à la cave.

Soignez les fruitiers. Brossez les troncs des fruitiers pour enlever les mousses et les lichens. Brûlez-les ou portez-les à la déchèterie. Ouvrez des trous à la barre à mine à la périphérie des ramures et remplissez-les de compost bien décomposé et d'un engrais à décomposition lente. S'il ne gèle pas, plantez de nouveaux arbres à racines nues, sans enterrer les points de greffe. Respectez les distances selon les formes.

Le 25, ne jardinez pas après 17 h 25.
Le 26, ne jardinez pas.

Selon vos besoins, récoltez les crosnes, panais, topinambours, salsifis, scorsonères. Repérez de beaux pieds de crosne, de raifort et de topinambour à conserver pour redémarrer la culture au printemps 2025. En climat doux, plantez l'ail blanc et violet et, en toutes régions, l'échalote 'Griselle'. Ameublissez les sols lourds en grosses mottes sans les retourner, le gel les cassera. Vous n'aurez qu'à les affiner au printemps.

S'il ne gèle pas, plantez les clématites en inclinant les mottes dans les trous. Enterrez la base des tiges pour un meilleur enracinement. Mettez en place les églantiers à greffer l'été prochain.

Curetez les suçoirs du gui ou coupez les branches atteintes.

Les nœuds lunaires ascendants ou descendants et les périodes de lunes montantes ou descendantes correspondent à des notions différentes. Ainsi peut-on avoir un nœud descendant en période de lune montante et inversement.

Vos observations personnelles

PERMACULTURE

Le topinambour. De haute taille, ses tiges peuvent mesurer jusqu'à 2,50 m. En automne, il offre de nombreuses fleurs jaunes. Mais, ce sont les tubercules qui se consomment. Arrachez-les à partir de l'automne, à mesure de vos besoins car ils sont plus digestes consommés rapidement. Opérez en lune descendante, devant la constellation de la Vierge. Utilisez une fourche-bêche pour ne pas les abîmer. Ils se dégustent cuits, avec une viande, en gratin ou en salade. Pour poursuivre les récoltes même par temps de gel, couvrez le sol autour des pieds avec une épaisse couche de paille. En mars, arrachez les derniers et replantez-les à un autre emplacement, à la périphérie du potager, plutôt côté nord comme ils font de l'ombre.

ANIMAUX

Lapin géant des Flandres. Costaud, il peut peser entre 6 et 8 kg, son dos est large, sa musculature puissante et ses pattes fortes. Ses longues oreilles, bien droites, peuvent mesurer jusqu'à 20 cm. Sa robe est de couleur variable, divers gris à plus beige comme un lapin de garenne. Sa croissance est assez lente. Il a besoin de place dans son clapier.

Soigner les fruitiers
https://www.youtube.com/watch?v=p8ucgzD8yXM

Décembre 2024

Lune		Signe	Jour
Lune descendante ● 7 h 21		♏	dimanche **1**
23 h 23	– 16 h 07 –	♏	lundi **2**
		♐	mardi **3**
		♐	mercredi **4**
	– 3 h 40 –	♑	jeudi **5**
		♑	vendredi **6**
	– 5 h 05 –	♒	samedi **7**
Lune montante ◐ 16 h 26		♒	dimanche **8**
☊ 20 h 36	– 4 h 19 –	♓	lundi **9**
		♓	mardi **10**
	– 16 h 45 –	♈	mercredi **11**
Périgée 14 h 20		♈	jeudi **12**
	– 11 h 50 –	♉	vendredi **13**
		♉	samedi **14**
☺ 10 h 01 / 21 h 07		♉	dimanche **15**
Lune descendante	– 12 h 00 –	♊	lundi **16**

Par temps doux et sec, élaguez les grands arbres caducs en respectant leur silhouette générale. Taillez après une ramification, sans laisser de chicots. Mastiquez les plaies et les coupes de plus de 5 cm de diamètre. Bouturez le saule tortueux.

S'il ne gèle pas, prélevez des greffons sur les variétés fruitières à multiplier au printemps. Coupez des rameaux ayant poussé l'an dernier, sans traces de maladies ou de parasites, de 30 à 40 cm de longueur, avec des yeux bien formés. Liez-les en bottes en identifiant les variétés. Enterrez-les à moitié au pied d'un mur orienté face au nord.

Faites le bilan des récoltes et des échecs de l'année écoulée et le plan de votre potager pour 2025. Tenez compte des rotations et des associations à rechercher ou à éviter pour une meilleure production. Repérez les parcelles qu'il ne faut pas fertiliser.

En terrine, à 20-22 °C, semez les bégonias semperflorens (sans couvrir les graines) et les pélargoniums. Tassez simplement avec une planchette. Vaporisez d'eau la surface, sans noyer les semences. Posez une vitre. Essuyez-la tous les jours pour enlever la condensation.

Le 9, ne jardinez pas après 15 h 30.

Récoltez la mâche, les chicorées, les choux de Bruxelles, kale et de Milan, les épinards. À la maison, semez en caissette du cresson alénois et du pourpier pour vos salades. Faites germer des graines biologiques de lentilles, pois chiche, soja, roquette, radis, poireau pour profiter de leurs vitamines et minéraux en plein hiver.

Le 12, ne jardinez pas après 9 h 15.

En régions douces, en lignes, semez les fèves. Ouvrez des sillons profonds de 5 cm, tous les 40 cm. Dispersez les graines, couvrez-les de terre fine, tassez avec le dos du râteau et arrosez si besoin.

Sur couche ou sous châssis, semez des radis ronds 'Gaudry 2', 'de Sézanne', 'Cherriette'. Vous les éclaircirez un peu après leur germination. Aérez souvent par temps doux, de préférence en milieu de journée. Protégez des limaces. Vous les dégusterez dans un bon mois. Lorsque le futur plan du potager pour 2025 est arrêté, déterminez les semences nécessaires et achetez-les au plus vite, le choix sera plus important.

À la maison, installez des bulbes d'amaryllis en pots.

Les nœuds lunaires ascendants ou descendants et les périodes de lunes montantes ou descendantes correspondent à des notions différentes. Ainsi peut-on avoir un nœud descendant en période de lune montante et inversement.

Vos observations personnelles

PERMACULTURE

Le chou kale. Vigoureux, ce chou au feuillage frisé vert ou pourpre ne forme pas de pomme. Ses grandes feuilles retombantes se répartissent le long d'une solide tige pour former un petit buisson. Les récoltes s'opèrent tout l'hiver, en commençant par les feuilles du bas. Coupez-les une à une avec un couteau. Opérez de préférence en lune montante, devant la constellation des Poissons. Les feuilles se dégustent cuites comme un chou pommé. Les graines se sèment en pépinière d'avril à juin en lune montante et en Poissons. Vous repiquerez les plants en pépinière 3 à 4 semaines plus tard, en lune descendante, en Cancer ou Scorpion, puis les planterez de même, à 50 cm en tous sens.

ANIMAUX

Lapin géant papillon français. De forte corpulence, ce lapin possède un corps allongé et puissant. Ses oreilles velues sont bien droites, son pelage est dru, majoritairement blanc avec des taches noires ou bleues bien marquées. Elles se situent sur les hanches, autour des yeux, sur le nez (en forme de papillon). Une raie dorsale est présente. Si sa chair est appréciée, c'est aussi un lapin de compagnie facile à apprivoiser, calme et affectueux.

Bouturer le saule tortueux

https://www.youtube.com/watch?v=5hxdVapZiRw

Décembre 2024

Lune descendante	♉	lundi **16**	
	— 12 h 00 — ♊	mardi **17**	Enterrez les bulbes de la moitié de leur hauteur. Placez dans une pièce sombre et peu chauffée jusqu'à la formation des tiges florales, puis dans une pièce habitée.
☉ ♐	— 20 h 06 — ♋	mercredi **18**	Prélevez des extrémités de tiges de misères de 10 cm de longueur avec de belles couleurs. Enlevez les feuilles de la base et placez-les dans un verre d'eau. Mettez en pot quand les racines auront 4 cm de longueur.
	— 8 h 23 — ♌	jeudi **19**	Taillez les fruitiers à pépins de plein vent en aérant le centre des ramures. Plantez les fruitiers à racines nues. Ouvrez des trous, mélangez du compost, de la corne broyée à la terre. Piquez un tuteur, posez les racines pralinées sur une butte et bouchez. Laissez les points de greffe hors de terre. Installez les petits fruits, enterrez la base pour un bon enracinement. Rebouchez, tassez et arrosez. Bouturez à bois sec les cassissiers et groseilliers.
	♌	vendredi **20**	
Solstice d'hiver 10 h 20	♌	samedi **21**	
	— 7 h 47 — ♍	dimanche **22**	***Le 23, ne jardinez pas avant 5 h 30.*** ***Le 24, ne jardinez pas avant 13 h 30.*** En régions douces et en sol léger, plantez l'ail blanc 'Messidrôme' ou 'Thermidrôme', l'ail violet 'Germidour'. Choisissez une parcelle non fumée récemment. Séparez les caïeux, conservez ceux du pourtour des têtes. Dans des sillons espacés de 20 cm, placez les caïeux, pointe en l'air tous les 10 à 12 cm. Enterrez peu l'ail et n'arrosez pas. Installez aussi les échalotes longues 'Jermor', 'Longor' et 'Mikor' en les espaçant de 15 cm.
◐ 23 h 18 / ☊ 0 h 21	♍	lundi **23**	
Apogée 8 h 24	♍	mardi **24**	
	♍	mercredi **25** Noël	
	— 3 h 41 — ♎	jeudi **26**	S'il ne gèle pas, plantez les arbres, arbustes, grimpantes à fleurs et rosiers vendus à racines nues. Pralinez les racines pour une bonne reprise. N'enterrez pas les points de greffe. Arrosez copieusement.
	♎	vendredi **27**	
	— 21 h 30 — ♏	samedi **28**	Installez les arbustes caducs, en haie ou en isolé. Par temps doux, aérez les cultures sous abri, épinards, laitues, mâche. Protégez des limaces. Forcez une autre série d'endives à l'abri de la lumière. Élaguer les arbres caducs en respectant leur port.
	♏	dimanche **29**	
Lune montante 6 h 00	— 23 h 40 — ♐	lundi **30**	En régions douces, en place, semez les fèves 'd'Aguadulce à très longue cosse', en rangs distants de 30 à 40 cm, espacez les grains de 10 à 15 cm, à 5 cm de profondeur. Semez aussi les pois à grains ronds nains ou grimpants. ***Bonne année !***
● 23 h 26	♐	mardi **31**	

Les nœuds lunaires ascendants ou descendants et les périodes de lunes montantes ou descendantes correspondent à des notions différentes. Ainsi peut-on avoir un nœud descendant en période de lune montante et inversement.

Vos observations personnelles

BIODYNAMIE

Apport de corne broyée. Riche en azote, autour de 13 %, cet élément se libère lentement et progressivement sur au moins une année après son apport. Elle s'utilise donc lors de la plantation des arbres fruitiers et des petits fruits, en lune descendante devant le Lion. Elle constitue une réserve fertilisante à associer à d'autres éléments à action plus rapide comme le compost. Mélangez la corne broyée à la terre au fond des trous à raison de 1 à 3 poignées par sujet, puis couvrez de terre seule. Les racines utiliseront cet azote lorsqu'elles se seront allongées. Cet élément stimule la croissance des jeunes plantes, mais en douceur, sans à-coups.

ANIMAUX

Poule la Gâtinaise. Au plumage blanc, cette race présente une bonne charpente, de fortes pattes et une chair très fine. Elle est aussi une bonne pondeuse avec environ 170 œufs de 60 g blancs à rosés par an. Cette bonne couveuse supporte bien la chaleur et les intempéries. Elle s'adapte à la fois à la vie au grand air ou dans un poulailler.

Planter des arbres fruitiers au potager
https://www.youtube.com/watch?v=1gDa6UYvQNY

La météo de votre jardin

VOTRE CARNET DE BORD MÉTÉO

Vous constatez souvent certaines différences entre les prévisions de la météo nationale ou régionale et le temps qu'il fait « chez vous ». Ces indications demandent en effet à être affinées.
Quels moyens avons-nous à notre disposition pour mieux prévoir le temps sur notre lieu de vie ? Ils sont multiples mais nous allons nous limiter aux plus simples, aux plus naturels.

Les indices

Dans votre environnement, une proche montagne, un arbre, une haie, un mur vous protègent de certains vents. À l'inverse, une vallée, une autoroute canalisent d'autres courants importants. La présence d'un lac, par exemple, entraîne un mouvement ascensionnel de l'air non négligeable. L'altitude du lieu et d'autres facteurs locaux jouent aussi leurs rôles. Si les microclimats sont infinis, votre jardin est unique : sa météo aussi.

Va-t-il faire beau ? Va-t-il pleuvoir ? Devrai-je arroser ce soir ? Ensemble, regardons le ciel : c'est là que se fait la pluie, le beau temps, le chaud, le froid.

Une lune claire entourée d'un halo, un soleil voilé au couchant, annoncent la pluie. Vous connaissez le vent du beau temps qui chasse les nuages, dégage le ciel, laisse briller le soleil, et celui de la pluie qui véhicule les odeurs de telle usine, le carillon de tel clocher et dessine minutieusement le contour de telle montagne habituellement estompée dans les lointains. Et puis, les insectes, les oiseaux sentent la pluie ou l'orage et se manifestent de différentes façons que nous pouvons observer.

La forme des nuages peut aussi vous aider. Reportez-vous aux livres spécialisés qui en présentent des photos caractéristiques.

Les courbes soli-lunaires

Comment les utiliser

Les graphiques soli-lunaires suivants sont gradués tous les cinq degrés. Le 0° figure l'équateur. Les déclinaisons sont positives au-dessus, négatives au-dessous. Pour avoir les graphiques de l'hémisphère Sud, il vous suffit de retourner le tableau.

• Les dates, phases lunaires, nœuds lunaires, périgées et apogées de la Lune, les prédictions pour Brest des coefficients des marées sont portés en haut.

• Vous trouvez la courbe du Soleil en rouge, celle de la Lune en bleu.

• À l'image de l'exemple page 92, notez chaque jour vos remarques : couleur du ciel, pluie, soleil, beau, variable, direction du vent, température minimale de la nuit, maximale du midi solaire.

Plus vous serez précis, plus vos prévisions seront justes et votre plaisir renouvelé à l'écoute de la nature et des mouvements du ciel.

Votre carnet de bord constitue un document fort utile à votre expérience de jardinier. Il vous servira d'une année sur l'autre, enrichira votre expérience et vous permettra de mieux planifier vos travaux saisonniers et quotidiens.

Communiquez-nous les renseignements intéressants que vous notez. Nous pourrons les utiliser en mentionnant leur provenance.

Le Soleil

Le 1er janvier, à 0 h, la déclinaison* du Soleil est de – 23° 03′ (voir p. 94). Il « émerge » de son point le plus bas au solstice d'hiver.

À l'équinoxe de printemps, la courbe du Soleil coupe l'équateur (p. 96) : le jour et la nuit sont de même durée. Sa déclinaison devient positive, la température s'élève peu à peu, la sève monte dans les végétaux, les fleurs s'épanouissent.

Le Soleil atteint son point maximal (+ 23° 26′) au solstice d'été le 21 juin (p. 99), avant d'amorcer sa descente, de franchir à nouveau l'équateur à l'équinoxe d'automne (p. 102) et de retrouver son niveau le plus bas au solstice d'hiver, – 23° 26′ (p. 105).

Sa marche régulière, identique chaque année, règle son temps de présence au-dessus de nous, son rayonnement, la température, la montée et la descente de la sève.

La Lune

La Lune poursuit son mouvement habituel toujours différent d'une année sur l'autre par rapport à la Terre, au Soleil et au plan de l'équateur, apportant de nombreuses variations.

Descendante les premiers jours de l'année, elle arrive au lunistice** inférieur dans la constellation du Sagittaire le 10 janvier à 8 h 03. Elle reprend son mouvement descendant, franchit l'équateur le 16 janvier pour atteindre le lunistice supérieur le 23 janvier à 4 h 40, dans la constellation du Taureau.

Il s'écoule bien entendu 13 jours, 15 heures, 15 minutes et 30 secondes entre deux lunistices (10, 23) et les passages à l'équateur (16, 29), le cycle complet de la révolution sidérale étant de 27 jours, 7 heures, 43 minutes et 11 secondes 5/10e.

Les changements de temps, s'ils doivent avoir lieu, se produisent habituellement aux lunistices, plus particulièrement le troisième jour.

Prenons un exemple en avril

Notez bien le temps qu'il fait dans votre jardin les 14, 15, 16 avril et plus particulièrement le 16.

• S'il fait beau, si le vent vient du côté du beau temps, cela devrait durer jusqu'à la pleine lune du 24.

• Si le temps est variable le 16, un temps changeant avec nuages, pluies, éclaircies devrait s'établir. Ajoutons que le jour où la Lune coupe l'équateur (21), de légers changements peuvent se produire.

Aucun système n'est infaillible en météorologie. Essayez celui-ci. Espérons qu'il vous aidera.

---

* déclinaison : distance d'un astre au plan de l'équateur céleste (ligne horizontale à 0° sur les graphiques).

** lunistice : époque où la Lune atteint son plus grand éloignement angulaire du plan de l'équateur.

Exemple d'utilisation des courbes

Chaque tableau des courbes mensuelles comporte des divisions journalières pour vous permettre de noter les dominantes climatiques que vous constatez. Vous constituerez ainsi un petit journal de la météo chez vous.

	coeff. marée		Précipitations jour	cumul	Températures mini.	maxi.	Vent	Pression hPa	Qualité du temps	
										♏
30 ven.	84	78			3	13		1003	Éclaircies	
29 jeu.	92	88	20	138	6	11		995	Pluie	♎
28 mer. ☊	95	94	35	118	8	13		995	Fortes averses	
27 mar.	95	95	9	83	6	12		998	Couvert, averses	
26 lun.	90	93			5	12		1001	Brouillard le matin, couvert	♍
25 dim.	83	87	NL 8	74	8	14		1004	Averses le matin, puis couvert	
24 sam.	73	78	22	66	7	16		1004	Averses la nuit précédente, couvert	
23 ven.	60	67			4	20		1005	Assez beau, puis couvert	♌
22 jeu.	47	54			2	21		1008	Assez beau	
21 mer.	34	40			3	18	NE	1010	Beau	♋
20 mar.	25	28			4	20		1008	Beau	
19 lun. ap.	-	24			2	20	NE	1008	Beau	♊
18 dim.	32	27			2	20	E	1007	Beau	
17 sam.	46	39	DQ		2	14	N/NE	1007	Beau, vent le matin	
16 ven.	62	54			11	18		1004	Belles éclaircies	♉
15 jeu.	77	69			11	21		1004	Éclaircies	
14 mer. ☊	90	84	4	44	14	23		1001	Averses le matin, éclaircies	♈
13 mar.	100	95			16	27		1005	Assez couvert	
12 lun.	105	103			10	31		1003	Beau	♓
11 dim.	104	105			7	26		1006	Beau	
10 sam.	98	102	PL		9	20		1007	Assez beau	
9 ven.	86	93			11	18		1008	Belles éclaircies	♒
8 jeu.	70	79			9	19		1008	Éclaircies	
7 mer. pér.	53	62	3	40	12	22	♌	1005	Éclaircies, averses	♑
6 mar.	42	47	20	37	14	24		1010	Couvert, orage, petits grêlons	
5 lun.	-	41			14	27		1008	Beau	♐
4 dim.	47	43			11	27		1006	Assez beau	
3 sam.	59	53	PQ 10	17	13	22		1004	Éclaircies, averses	♏
2 ven.	70	65	7		12	21		1003	Averses	♎
1 jeu. ☊	79	75			10	25		1005	Beau, puis couvert	♍
			+30°	+25°	+20°	+15°	+10°	+5°	0° -5° -10° -15° -20° -25° -30°	

Équinoxe d'automne

plan de l'équateur céleste

En rouge : courbe et passage du Soleil devant le Lion et la Vierge. En bleu : courbe et passage de la Lune devant les constellations.

Les nœuds lunaires ascendants ou descendants et les périodes de lunes montantes ou descendantes correspondent à des notions différentes. Ainsi peut-on avoir un nœud descendant en période de lune montante et inversement.

Voici un exemple de météo relevé en septembre 2022. Le troisième jour du lunistice, les 7 et 20 septembre, vous donne une indication importante pour les 10 jours suivants. Coefficients de marée : Brest. Horaires en temps universel (T.U.).

Année 2024

Ce graphique vous permet de visualiser la grande courbe du Soleil, les petites courbes mensuelles de la Lune, leurs mouvements ascendants (périodes des semis) et descendants (périodes des travaux de la terre, des repiquages, des plantations).

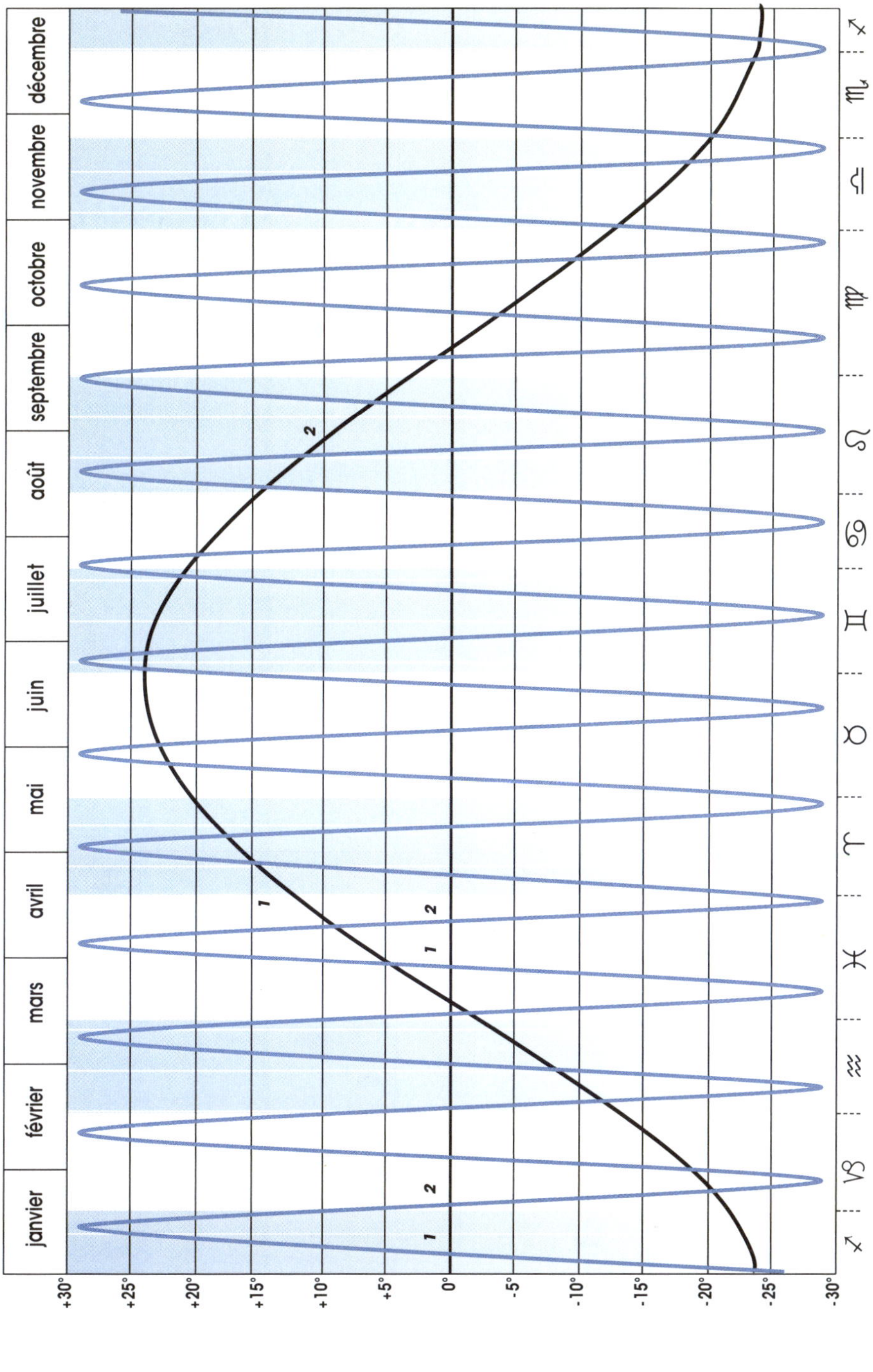

(1) : printemps solaire ; (1) : printemps lunaire. (2) : automne solaire ; (2) : automne lunaire.

Janvier 2024

	1 lun. ap.	2 mar.	3 mer.	4 jeu. ☋	5 ven.	6 sam.	7 dim.	8 lun.	9 mar.	10 mer.	11 jeu.	12 ven.	13 sam. pér.	14 dim.	15 lun.	16 mar.
coeff. marée	61	54	47	41	38	39	41	49	59	70	80	89	95	97	94	87
	58	51	44	39	38	-	45	54	65	76	85	92	96	96	91	82

	17 mer. ☊	18 jeu.	19 ven.	20 sam.	21 dim.	22 lun.	23 mar.	24 mer.	25 jeu.	26 ven.	27 sam.	28 dim.	29 lun. ap.	30 mar.	31 mer ☋
coeff. marée	76	64	54	48	47	51	58	66	73	78	80	80	78	74	67
	70	59	50	-	48	54	62	70	76	79	81	80	76	71	64

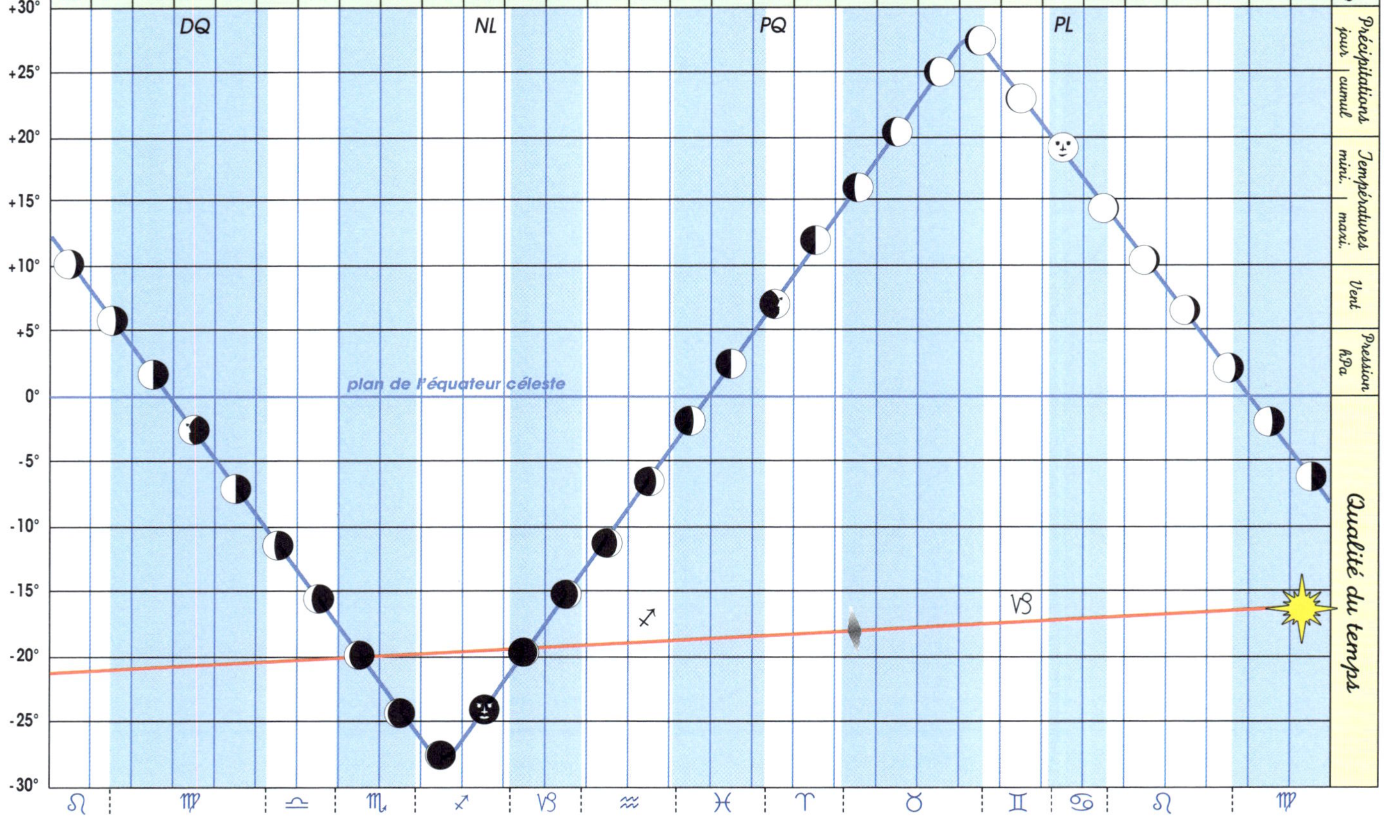

En rouge : courbe et passage du Soleil devant le Sagittaire et le Capricorne. En bleu : courbe et passage de la Lune devant les constellations.

Les nœuds lunaires ascendants ou descendants et les périodes de lunes montantes ou descendantes correspondent à des notions différentes.
Ainsi peut-on avoir un nœud descendant en période de lune montante et inversement.

Février 2024

Jour	coeff. marée		Phase
1 jeu.	59	55	
2 ven.	50	46	
3 sam.	42	38	DQ
4 dim.	35	-	
5 lun.	34	36	
6 mar.	39	45	
7 mer.	52	59	
8 jeu.	67	76	
9 ven.	83	91	NL
10 sam. pér.	97	103	
11 dim.	107	109	
12 lun.	110	110	
13 mar. ☊	107	103	
14 mer.	97	90	
15 jeu.	83	74	
16 ven.	65	56	PQ
17 sam.	48	42	
18 dim.	37	-	
19 lun.	35	37	
20 mar.	41	46	
21 mer.	52	58	
22 jeu.	63	68	
23 ven.	73	77	
24 sam.	80	82	PL
25 dim. ap.	84	86	
26 lun.	86	86	
27 mar. ☋	86	84	
28 mer.	82	79	
29 jeu.	76	72	

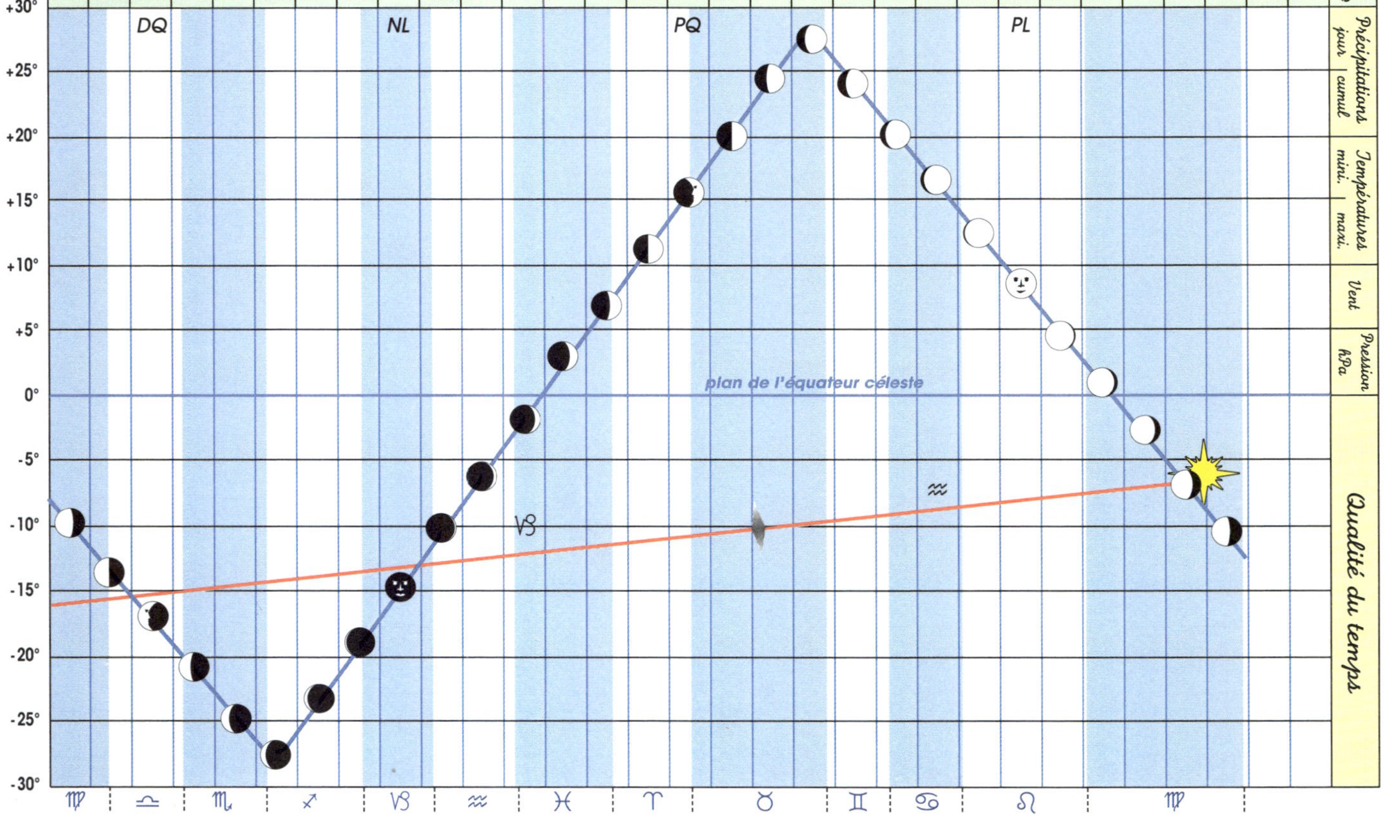

En rouge : courbe et passage du Soleil devant le Capricorne et le Verseau. En bleu : courbe et passage de la Lune devant les constellations.

Les nœuds lunaires ascendants ou descendants et les périodes de lunes montantes ou descendantes correspondent à des notions différentes. Ainsi peut-on avoir un nœud descendant en période de lune montante et inversement.

Mars 2024

Jour	1	2	3	4	5	6	7	8	9	10	11	12	13	14	15	16	17	18	19	20	21	22	23	24	25	26	27	28	29	30	31
	ven.	sam.	dim.	lun.	mar.	mer.	jeu.	ven.	sam.	dim. pér.	lun.	mar. ☊	mer.	jeu.	ven.	sam.	dim.	lun.	mar.	mer.	jeu.	ven.	sam. ap.	dim.	lun.	mar. ☋	mer.	jeu.	ven.	sam.	dim.
coeff. marée	67	57	45	35	31	35	50	70	89	104	114	117	111	99	82	62	44	31	30	37	50	62	72	80	85	88	87	85	79	70	59
	62	51	40	31	-	42	60	80	97	110	116	115	106	90	72	52	36	-	32	43	56	67	76	83	87	88	86	82	75	65	53

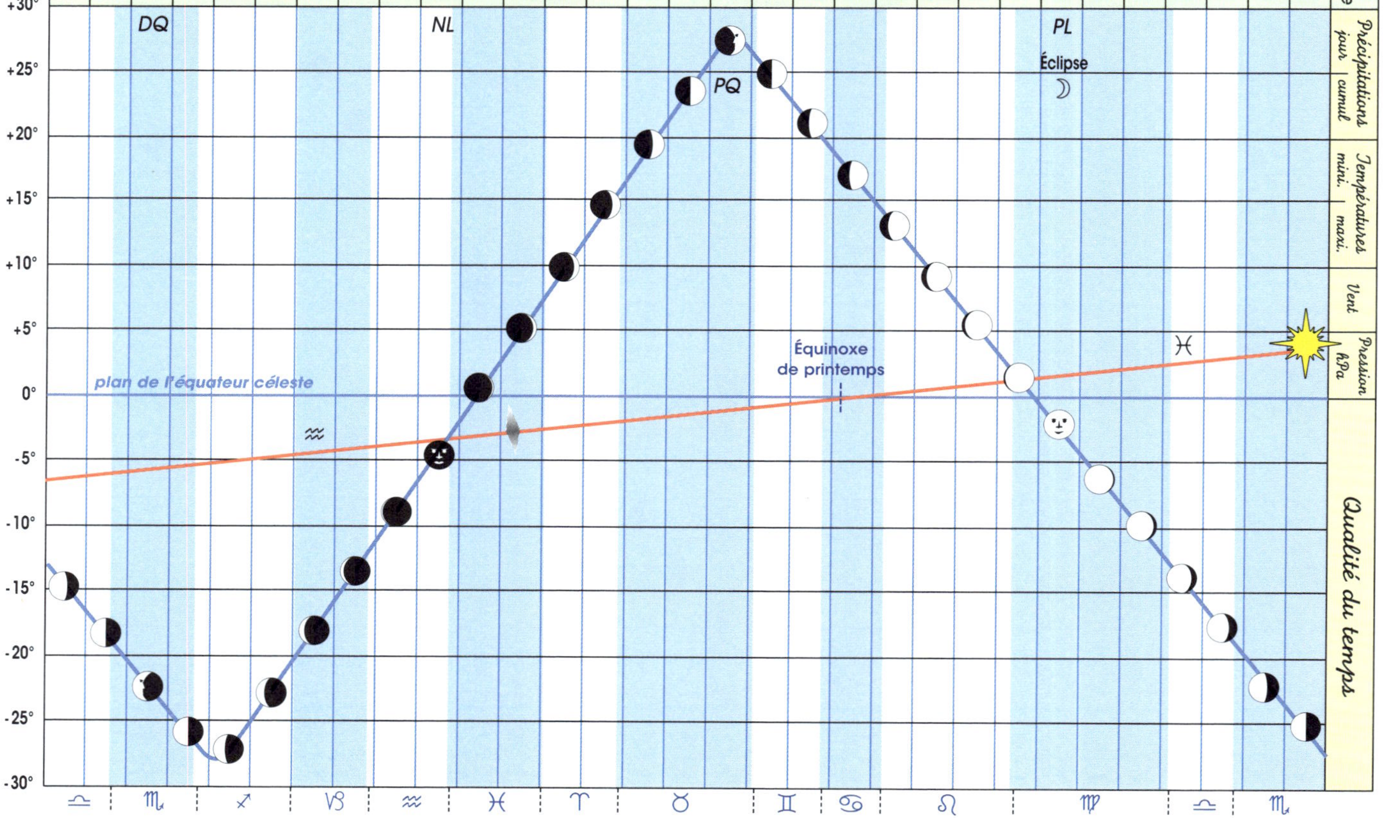

En rouge : courbe et passage du Soleil devant le Verseau et les Poissons. En bleu : courbe et passage de la Lune devant les constellations.

Les nœuds lunaires ascendants ou descendants et les périodes de lunes montantes ou descendantes correspondent à des notions différentes. Ainsi peut-on avoir un nœud descendant en période de lune montante et inversement.

Avril 2024

Jour	coeff. marée	
1 lun.	47	41
2 mar.	36	33
3 mer.	33	-
4 jeu.	38	45
5 ven.	54	64
6 sam.	73	83
7 dim. pér.	91	99
8 lun. ☊	105	109
9 mar.	112	113
10 mer.	112	109
11 jeu.	105	99
12 ven.	93	85
13 sam.	76	67
14 dim.	58	49
15 lun.	42	35
16 mar.	31	-
17 mer.	30	32
18 jeu.	36	41
19 ven.	47	52
20 sam. ap.	58	62
21 dim.	67	71
22 lun. ☋	75	78
23 mar.	80	82
24 mer.	83	84
25 jeu.	84	84
26 ven.	82	80
27 sam.	77	74
28 dim.	70	65
29 lun.	60	55
30 mar.	49	45

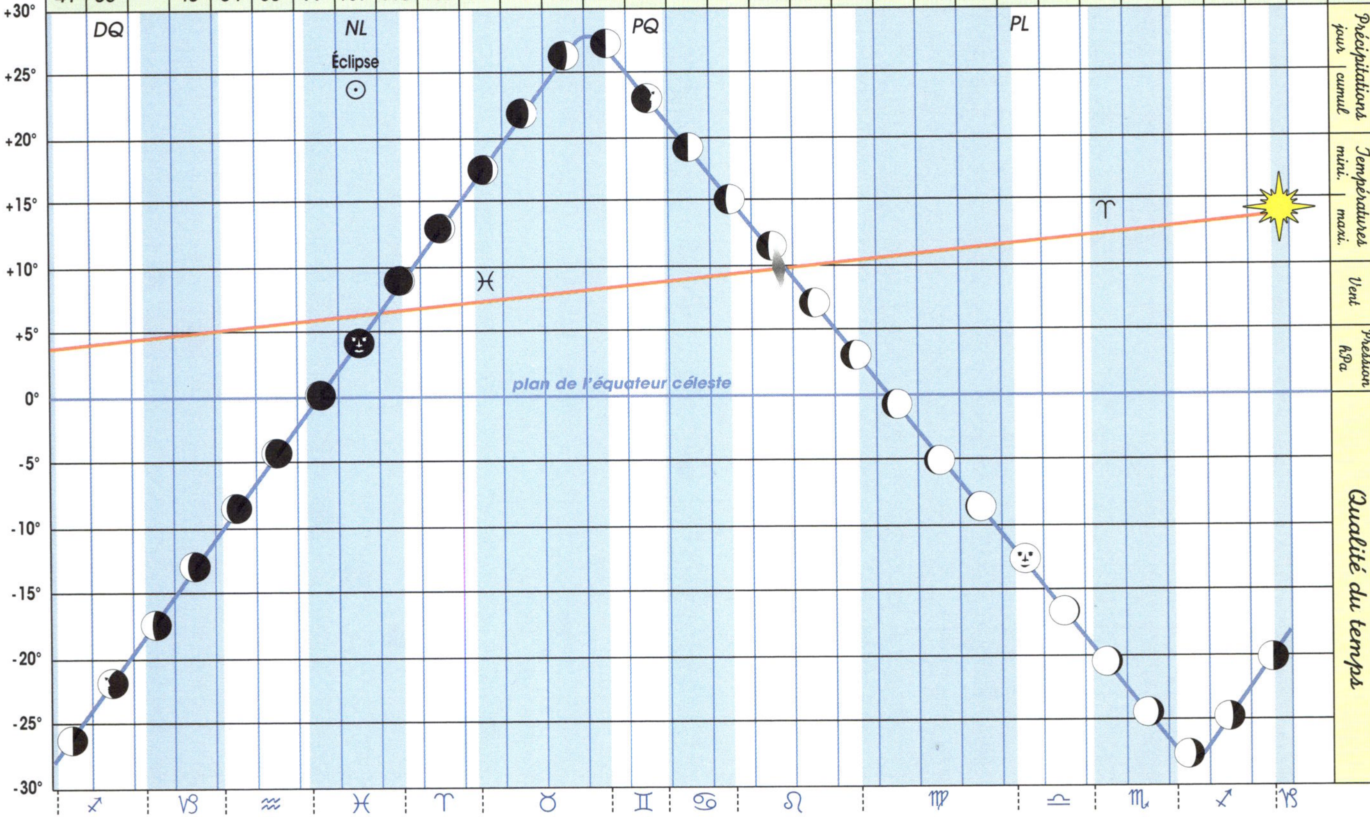

En rouge : courbe et passage du Soleil devant les Poissons et le Bélier. En bleu : courbe et passage de la Lune devant les constellations.

Les nœuds lunaires ascendants ou descendants et les périodes de lunes montantes ou descendantes correspondent à des notions différentes. Ainsi peut-on avoir un nœud descendant en période de lune montante et inversement.

Mai 2024

Jour	coeff. marée		
1 mer.	42	40	DQ
2 jeu.	42	-	
3 ven.	46	52	
4 sam.	59	67	
5 dim. ☊	74	81	
6 lun. pér.	87	93	
7 mar.	97	99	
8 mer.	101	101	NL
9 jeu.	100	97	
10 ven.	93	89	
11 sam.	84	77	
12 dim.	71	64	
13 lun.	58	51	
14 mar.	45	40	
15 mer.	37	35	PQ
16 jeu.	34	-	
17 ven. ap.	36	38	
18 sam.	42	46	
19 dim. ☋	50	54	
20 lun.	58	62	
21 mar.	66	69	
22 mer.	72	74	
23 jeu.	76	77	PL
24 ven.	78	79	
25 sam.	78	78	
26 dim.	76	74	
27 lun.	71	69	
28 mar.	65	62	
29 mer.	59	56	
30 jeu.	54	53	DQ
31 ven.	53	-	

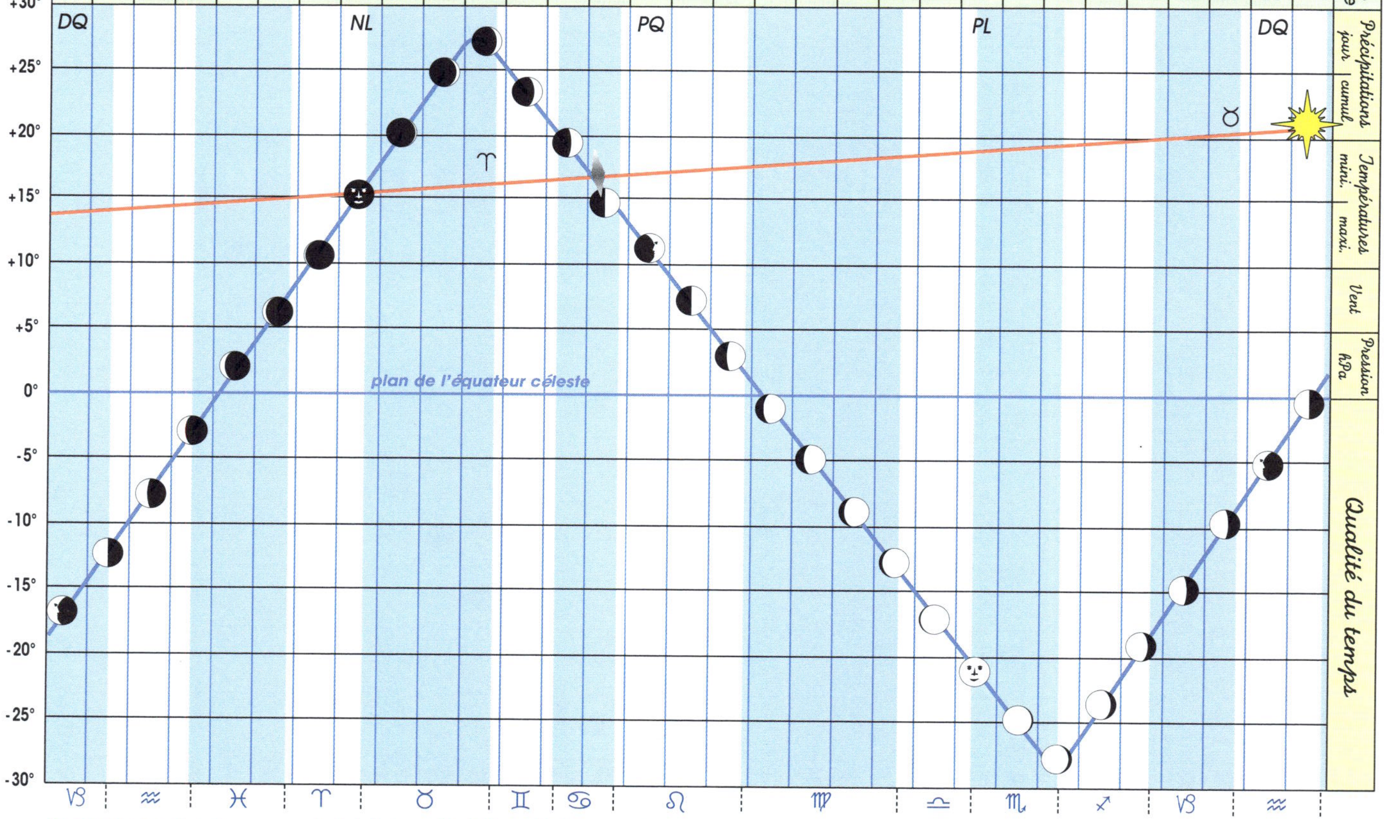

En rouge : courbe et passage du Soleil devant le Bélier et le Taureau. En bleu : courbe et passage de la Lune devant les constellations.

Les nœuds lunaires ascendants ou descendants et les périodes de lunes montantes ou descendantes correspondent à des notions différentes. Ainsi peut-on avoir un nœud descendant en période de lune montante et inversement.

Juin 2024

Jour	coeff. marée	
1 sam.	55	57
2 dim. ☊ pér.	61	65
3 lun.	69	73
4 mar.	77	80
5 mer.	82	84
6 jeu.	85	86
7 ven.	85	84
8 sam.	82	80
9 dim.	77	74
10 lun.	70	66
11 mar.	62	58
12 mer.	54	50
13 jeu.	46	43
14 ven. ap.	41	39
15 sam. ☋	38	-
16 dim.	39	40
17 lun.	42	45
18 mar.	48	51
19 mer.	55	59
20 jeu.	62	66
21 ven.	69	72
22 sam.	74	76
23 dim.	78	80
24 lun.	80	81
25 mar.	80	79
26 mer.	78	76
27 jeu. pér.	73	70
28 ven.	67	65
29 sam. ☊	62	-
30 dim.	60	58

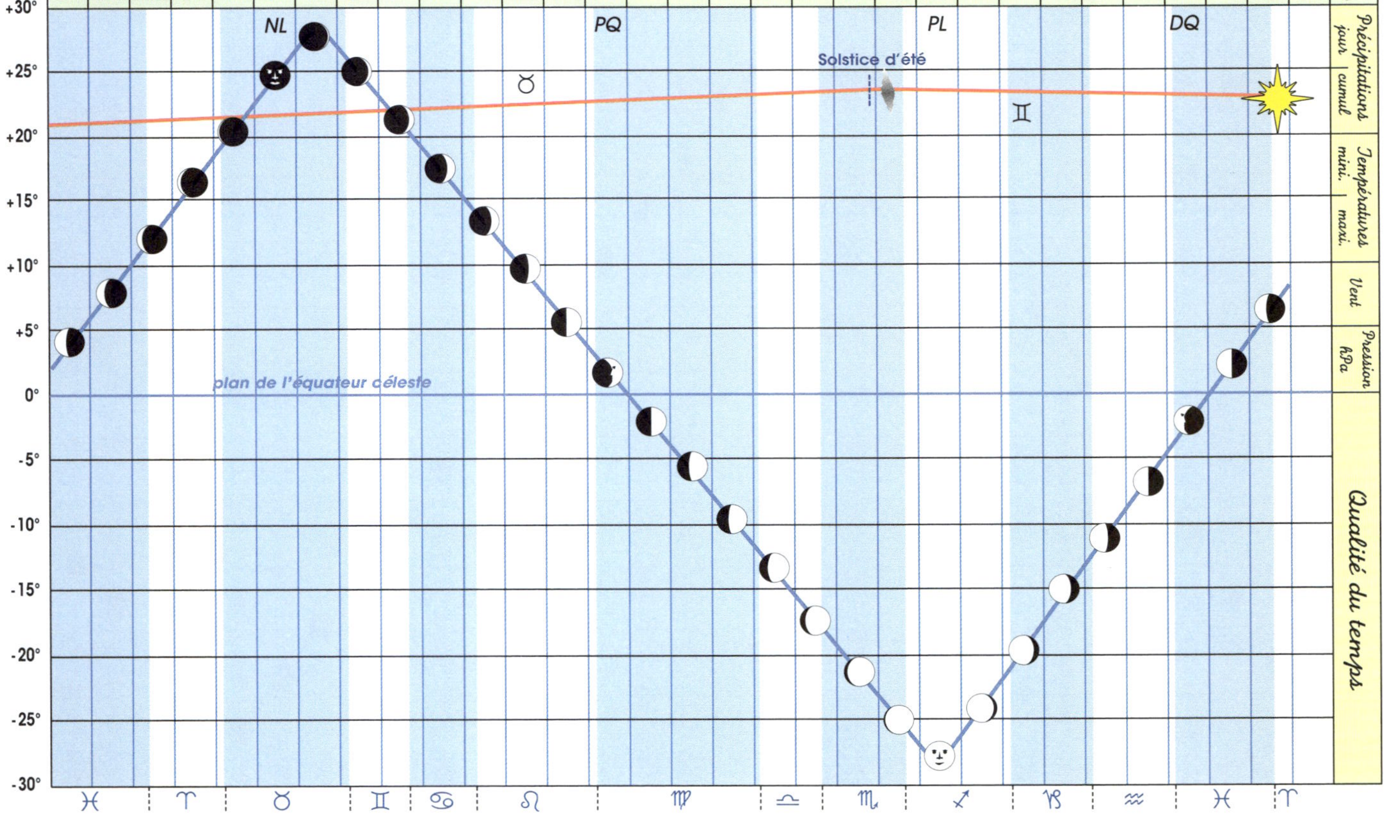

En rouge : courbe et passage du Soleil devant le Taureau et les Gémeaux. En bleu : courbe et passage de la Lune devant les constellations.

Les nœuds lunaires ascendants ou descendants et les périodes de lunes montantes ou descendantes correspondent à des notions différentes.
Ainsi peut-on avoir un nœud descendant en période de lune montante et inversement.

Juillet 2024

	1 lun.	2 mar.	3 mer.	4 jeu.	5 ven.	6 sam.	7 dim.	8 lun.	9 mar.	10 mer.	11 jeu.	12 ven. ap.	13 sam. ☋	14 dim.	15 lun.	16 mar.	17 mer.	18 jeu.	19 ven.	20 sam.	21 dim.	22 lun.	23 mar.	24 mer. pér.	25 jeu.	26 ven. ☊	27 sam.	28 dim.	29 lun.	30 mar.	31 mer.
coeff. marée	58	59	63	68	72	76	78	77	75	70	64	56	49	42	37	36	38	45	55	65	76	85	92	95	93	87	77	65	54	50	47
	58	60	65	70	74	77	78	76	72	67	60	53	45	39	-	37	41	50	60	71	81	89	94	94	91	82	71	59	-	47	48

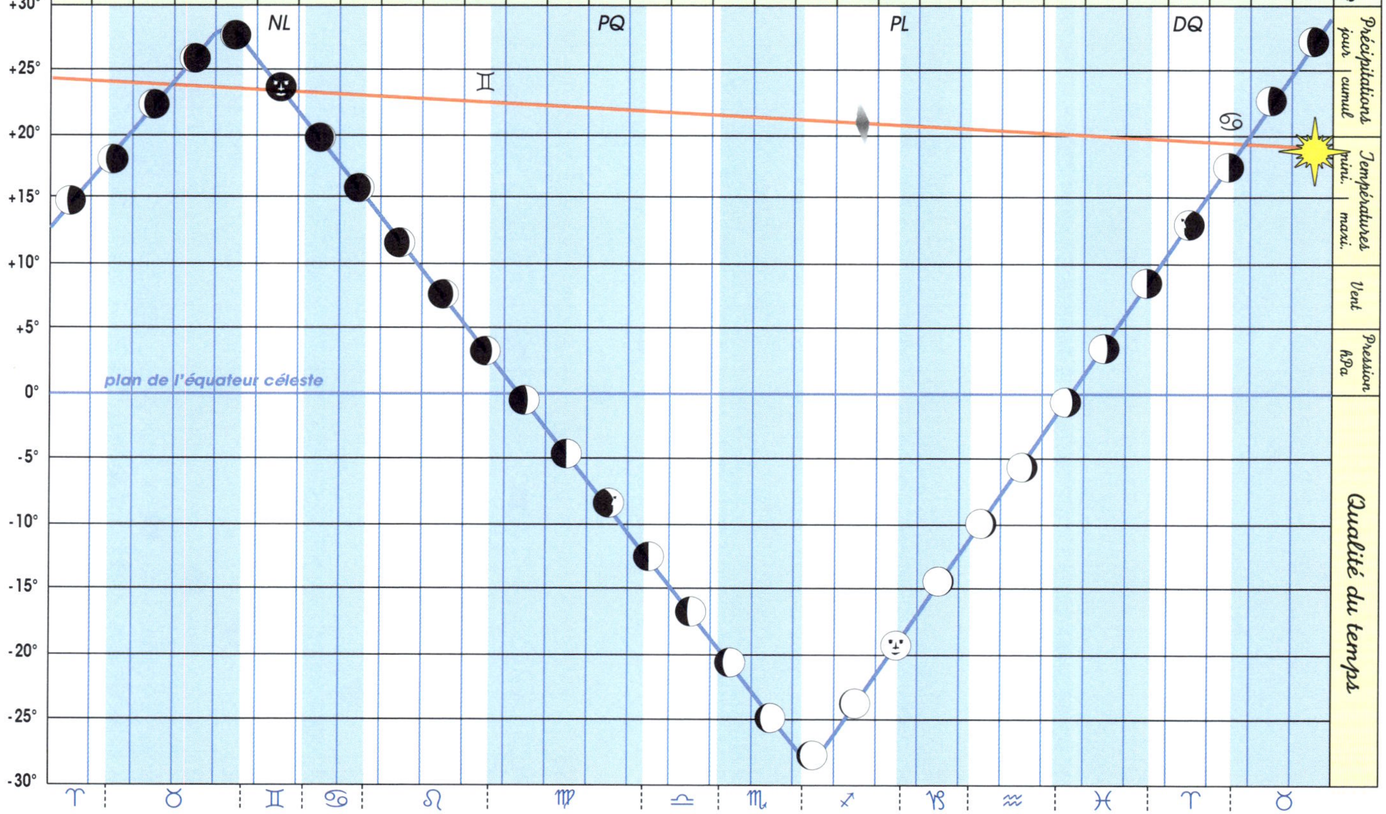

En rouge : courbe et passage du Soleil devant les Gémeaux et le Cancer. En bleu : courbe et passage de la Lune devant les constellations.

Les nœuds lunaires ascendants ou descendants et les périodes de lunes montantes ou descendantes correspondent à des notions différentes. Ainsi peut-on avoir un nœud descendant en période de lune montante et inversement.

Août 2024

	1 jeu.	2 ven.	3 sam.	4 dim.	5 lun.	6 mar.	7 mer.	8 jeu.	9 ven. ☋ ap.	10 sam.	11 dim.	12 lun.	13 mar.	14 mer.	15 jeu.	16 ven.	17 sam.	18 dim.	19 lun.	20 mar.	21 mer. pér.	22 jeu. ☊	23 ven.	24 sam.	25 dim.	26 lun.	27 mar.	28 mer.	29 jeu.	30 ven. pér.	31 sam.
coeff. marée	51 55	59 63	67 71	75 77	79 81	81 82	81 80	78 76	73 69	65 61	57 52	47 42	38 34	32 -	32 34	38 45	52 60	68 75	83 90	96 101	105 107	108 107	104 100	94 88	80 71	62 54	46 -	41 37	37 41	45 52	57 63

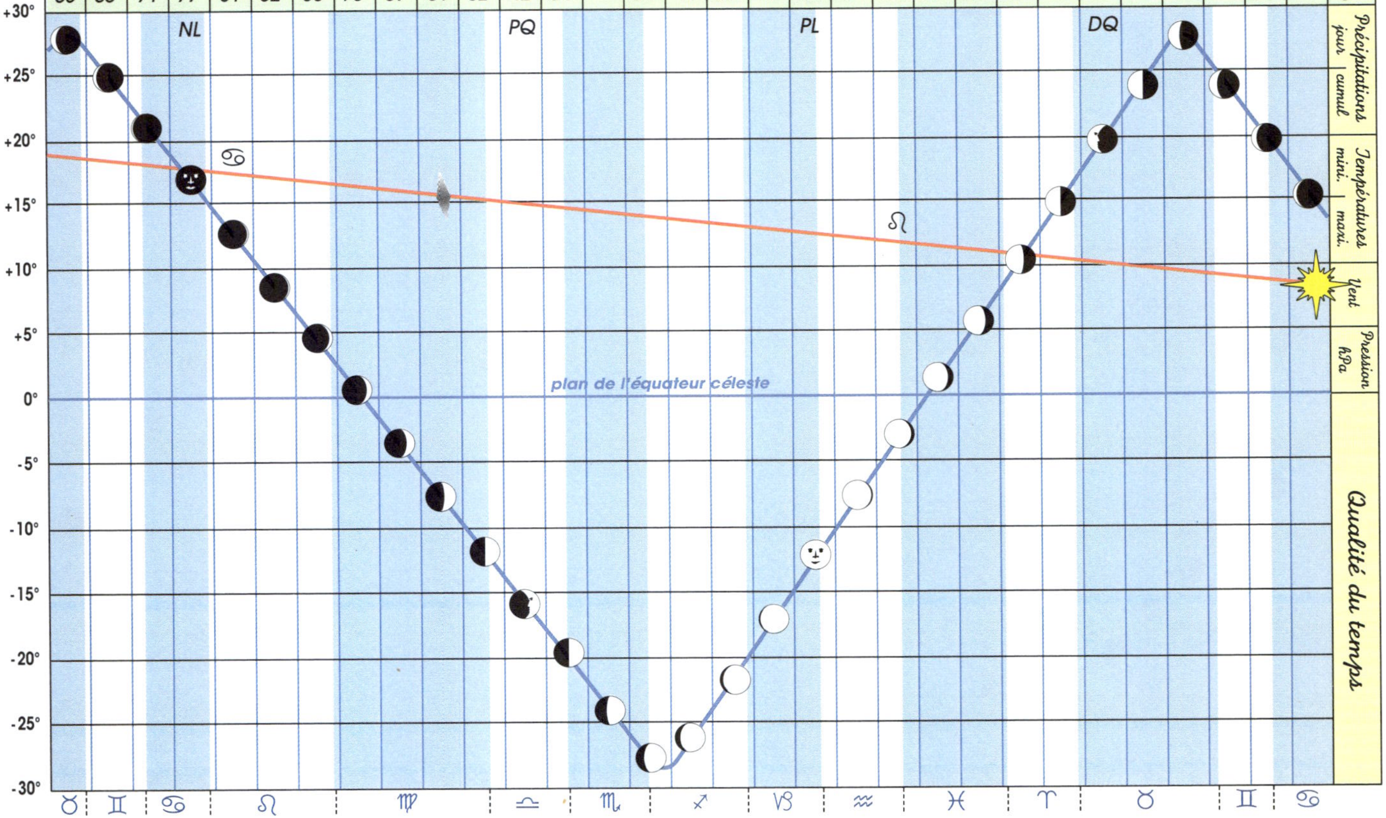

En rouge : courbe et passage du Soleil devant le Cancer et le Lion. En bleu : courbe et passage de la Lune devant les constellations.

Les nœuds lunaires ascendants ou descendants et les périodes de lunes montantes ou descendantes correspondent à des notions différentes. Ainsi peut-on avoir un nœud descendant en période de lune montante et inversement.

Septembre 2024

Jour	coeff. marée		Précipitations jour	Précipitations cumul	Températures mini.	Températures maxi.	Vent	Pression hPa	Qualité du temps
1 dim.	68	73							
2 lun.	77	80							
3 mar.	83	85	NL						
4 mer.	86	86							
5 jeu. ☊ ap.	86	85							
6 ven.	83	81							
7 sam.	78	75							
8 dim.	71	66							
9 lun.	61	56							
10 mar.	50	44							
11 mer.	39	33	PQ						
12 jeu.	29	-							
13 ven.	28	31							
14 sam.	37	45							
15 dim.	54	64							
16 lun.	74	83							
17 mar.	91	99							
18 mer. pér. ☊	105	110	PL	Éclipse ☽					
19 jeu.	113	115							
20 ven.	114	112							
21 sam.	107	102							
22 dim.	94	86							
23 lun.	77	67							
24 mar.	57	48		DQ					
25 mer.	40	-							
26 jeu.	35	33							
27 ven.	34	39							
28 sam.	45	51							
29 dim.	57	64							
30 lun.	69	73							

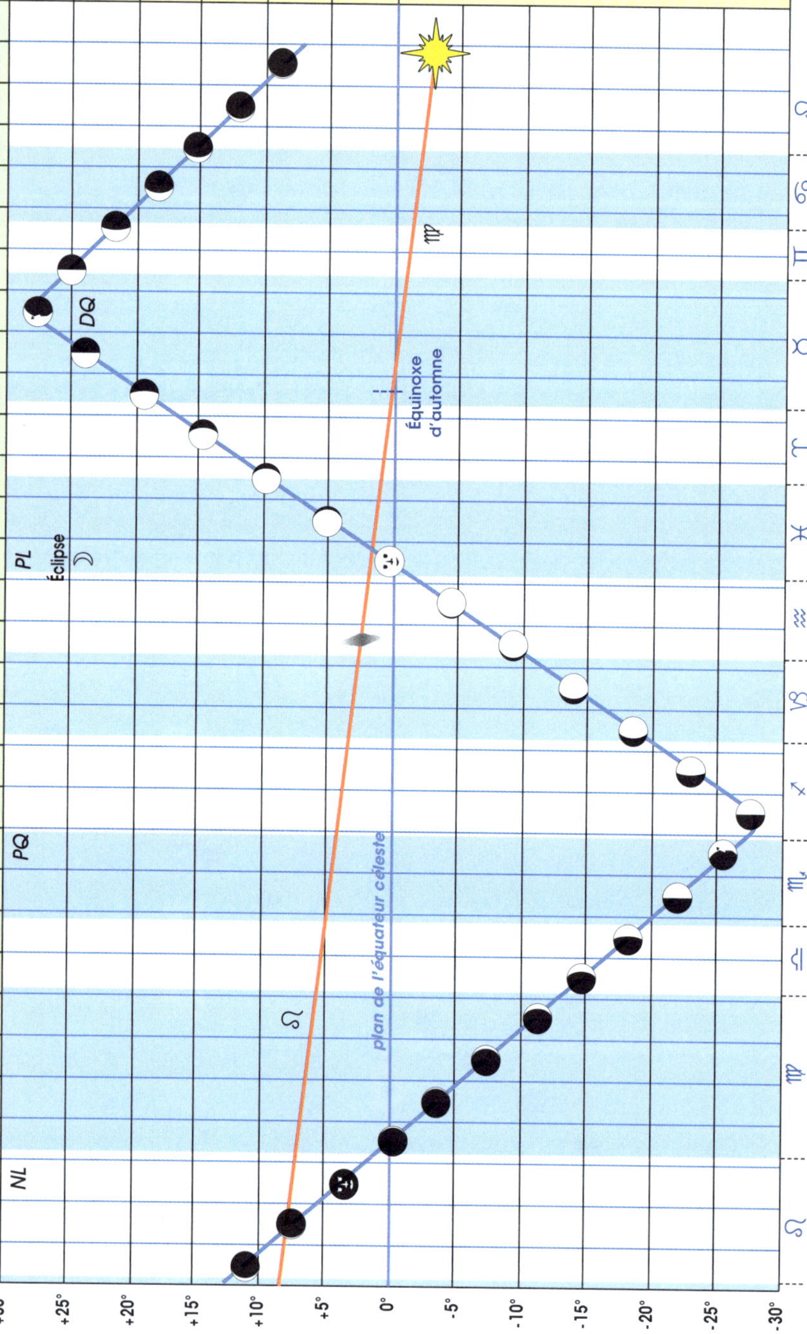

En rouge : courbe et passage du Soleil devant le Lion et la Vierge. En bleu : courbe et passage de la Lune devant les constellations.

Les nœuds lunaires ascendants ou descendants et les périodes de lunes montantes ou descendantes correspondent à des notions différentes. Ainsi peut-on avoir un nœud descendant en période de lune montante et inversement.

Octobre 2024

Jour	coeff. marée	
1 mar.	77	81
2 mer. ☋ ap.	83	85
3 jeu.	86	87
4 ven.	86	86
5 sam.	84	82
6 dim.	80	76
7 lun.	72	68
8 mar.	63	57
9 mer.	52	45
10 jeu.	40	34
11 ven.	31	-
12 sam.	31	34
13 dim.	41	49
14 lun.	59	68
15 mar.	78	86
16 mer. ☊	95	101
17 jeu. pér.	107	110
18 ven.	112	112
19 sam.	111	108
20 dim.	103	97
21 lun.	89	81
22 mar.	72	63
23 mer.	54	47
24 jeu.	40	35
25 ven.	34	-
26 sam.	35	38
27 dim.	43	48
28 lun.	54	59
29 mar. ☋ ap.	64	68
30 mer.	72	75
31 jeu.	78	80

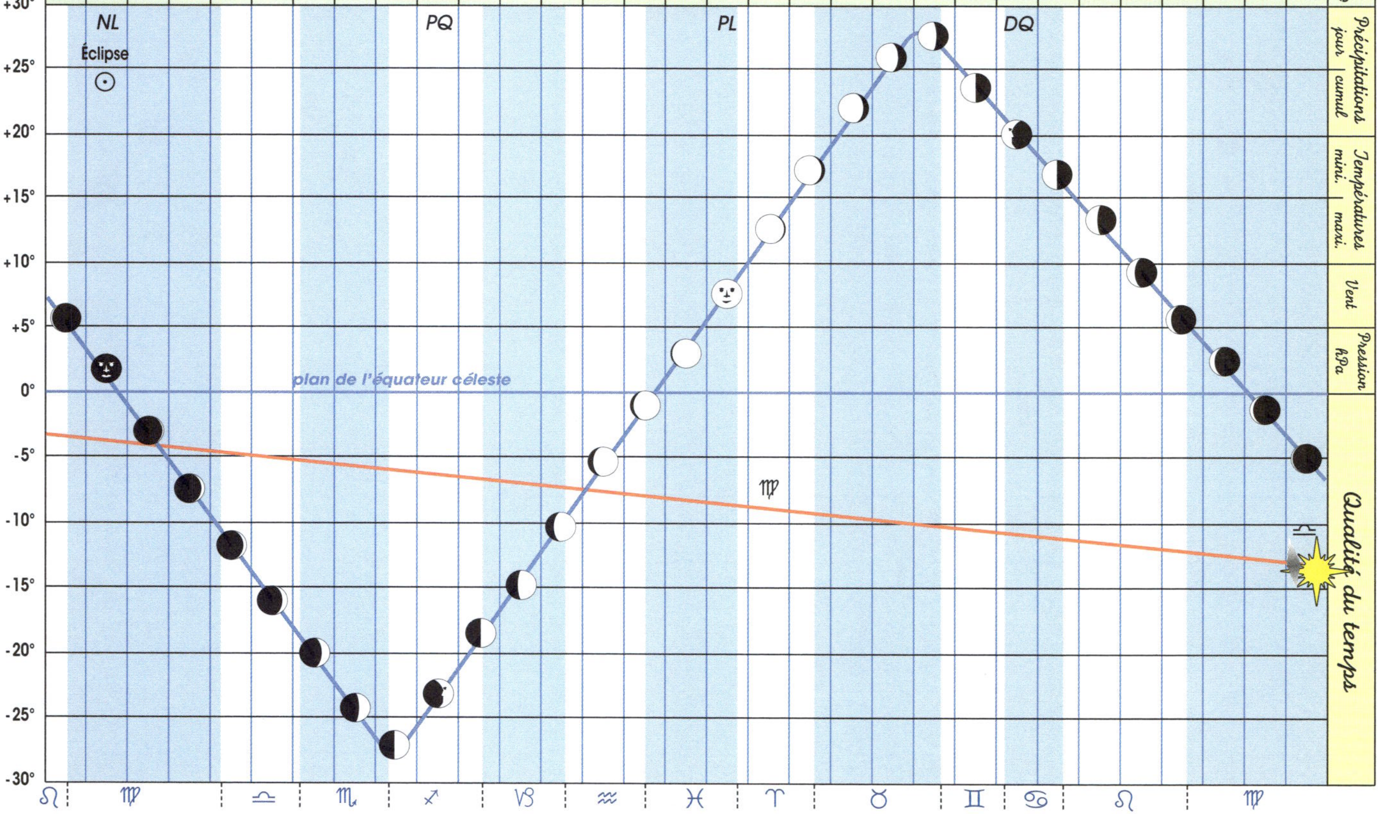

En rouge : courbe et passage du Soleil devant la Vierge et la Balance. En bleu : courbe et passage de la Lune devant les constellations.

Les nœuds lunaires ascendants ou descendants et les périodes de lunes montantes ou descendantes correspondent à des notions différentes. Ainsi peut-on avoir un nœud descendant en période de lune montante et inversement.

Novembre 2024

Jour	coeff. marée		Précipitations jour	Précipitations cumul	Températures mini.	Températures maxi.	Vent	Pression hPa
1 ven.	81	82						
2 sam.	82	82						
3 dim.	81	80						
4 lun.	78	75						
5 mar.	72	68						
6 mer.	64	59						
7 jeu.	54	49						
8 ven.	45	42						
9 sam.	40	40						
10 dim.	43	-						
11 lun.	48	54						
12 mar. ☊	61	69						
13 mer.	76	83						
14 jeu. pér.	89	94						
15 ven.	98	101						
16 sam.	102	102						
17 dim.	101	98						
18 lun.	94	89						
19 mar.	83	77						
20 mer.	71	64						
21 jeu.	57	51						
22 ven.	46	42						
23 sam.	39	38						
24 dim.	38	-						
25 lun. ☋	39	42						
26 mar. ap.	45	49						
27 mer.	53	57						
28 jeu.	60	64						
29 ven.	67	70						
30 sam.	72	74						

Qualité du temps

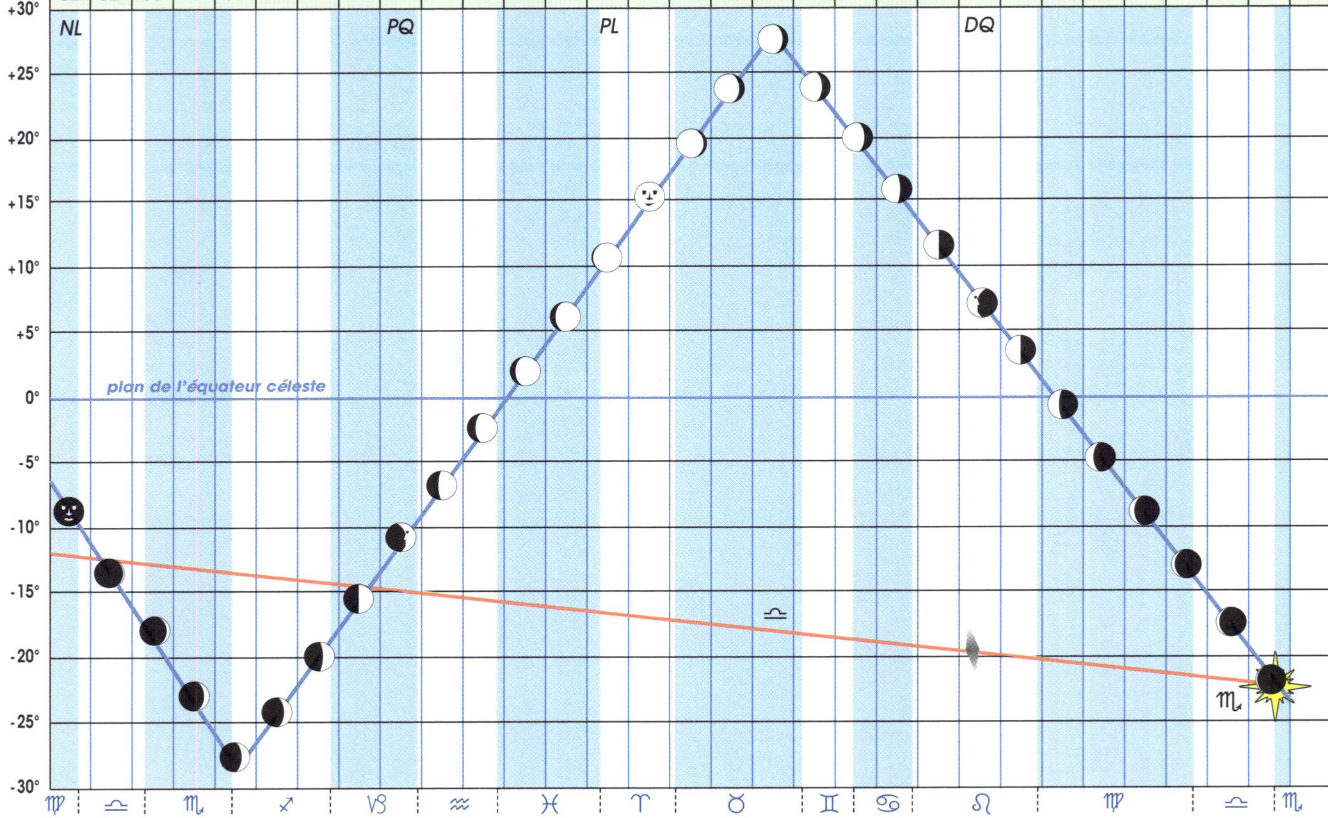

En rouge : courbe et passage du Soleil devant la Balance et le Scorpion. En bleu : courbe et passage de la Lune devant les constellations.

Les nœuds lunaires ascendants ou descendants et les périodes de lunes montantes ou descendantes correspondent à des notions différentes.
Ainsi peut-on avoir un nœud descendant en période de lune montante et inversement.

Décembre 2024

Jour	coeff. marée		Phase
1 dim.	75	76	NL
2 lun.	77	77	
3 mar.	76	75	
4 mer.	74	72	
5 jeu.	69	67	
6 ven.	64	61	
7 sam.	58	55	
8 dim.	54	53	PQ
9 lun. ☊	53	54	
10 mar.	56	-	
11 mer.	60	64	
12 jeu. pér.	68	72	
13 ven.	77	80	
14 sam.	84	86	
15 dim.	88	89	PL
16 lun.	89	89	
17 mar.	87	85	
18 mer.	82	79	
19 jeu.	75	71	
20 ven.	66	62	
21 sam.	57	52	
22 dim.	48	44	DQ
23 lun. ☋	41	39	
24 mar. ap.	37	-	
25 mer.	37	38	
26 jeu.	40	43	
27 ven.	46	50	
28 sam.	54	58	
29 dim.	62	66	
30 lun.	69	72	NL
31 mar.	75	78	

Précipitations (jour / cumul) — Températures (mini. / maxi.) — Vent — Pression hPa — Qualité du temps

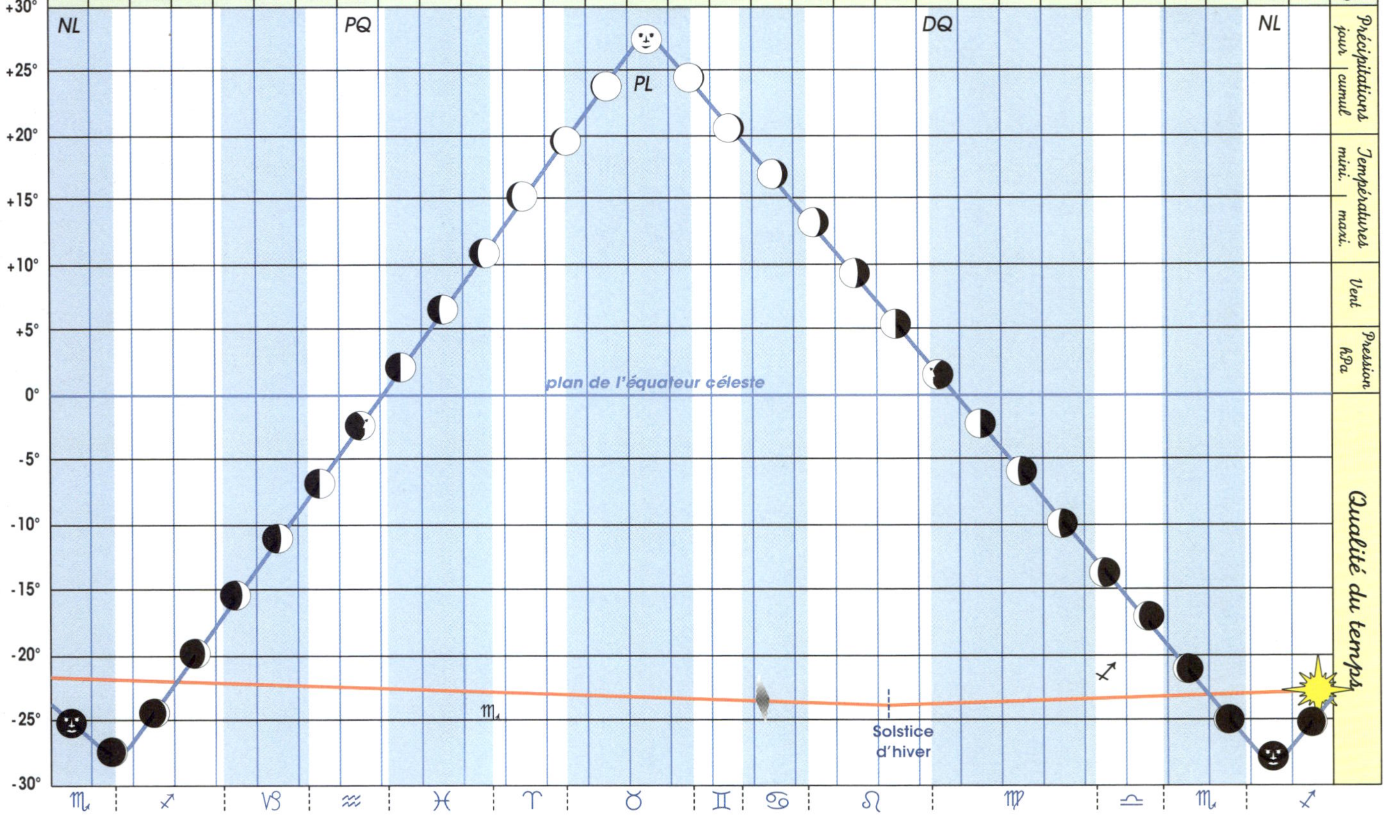

En rouge : courbe et passage du Soleil devant le Scorpion et le Sagittaire. En bleu : courbe et passage de la Lune devant les constellations.

Les nœuds lunaires ascendants ou descendants et les périodes de lunes montantes ou descendantes correspondent à des notions différentes. Ainsi peut-on avoir un nœud descendant en période de lune montante et inversement.

Les tableaux des cultures

LES TABLEAUX ANNUELS

Les tableaux annuels de culture donnent les meilleures dates de l'année pour semer, planter, tailler en suivant la Lune. À vous de décider du mode de culture, sous abri ou en pleine terre, selon le climat de votre jardin. Seul le calendrier (pp. 40-87) apporte toutes les précisions lunaires (notamment les horaires). Aux dates entourées, vous trouverez dans la partie calendrier quelques explications concernant le geste à effectuer.
Les températures du sol correspondent aux semis en pleine terre (sauf indication contraire).
Elles doivent être plus élevées pour les semis précoces effectués en terrines.
Les dates de récoltes ne peuvent pas être suivies en permanence.
Privilégiez-les pour les conserves.

AU POTAGER : *les légumes-fleurs*

- Semez et plantez en serre, sous abri ou en pleine terre selon la saison et le climat de votre jardin.
- Semez en Lune montante en Verseau ♒.
- Plantez, binez, buttez en Lune descendante en Gémeaux ♊ ou en Balance ♎.

	jan.	fév.	mars	avril	mai	juin	juil.	août	sept.	oct.	nov.	déc.
Artichaut												
• Débuttez. Conservez 2 œilletons par pied.		3 . 20	1 . 18 . 28	15 . 25					8 . 26	6 . 23		
• Plantez.		3 . 20	1 . 18 . 28	15 . 25					8 . 26	6 . 23		
• Arrosez, enrichissez, binez.			1 . 18 . 28	15 . 25	12 . 22	8 . 18	6 . 16	2 . 12 . 29	8 . 26			
• Récoltez.					3 . 30	26	23	20	17	14		
• Rabattez, buttez, couvrez.										6 . 23	2 . 19 . 29	17 . 27
Chou brocoli												
• Semez (sol à 15 °C*).		11	9	6	3 . 30	26	23					
• Arrosez en douceur, repiquez, plantez, binez.			1 . 18 . 28	15 . 25	12 . 22	8 . 18	6 . 16	2 . 12 . 29	8 . 26	6 . 23		
• Récoltez.							23	20	17	14	10	
Chou-fleur												
• Semez (sol à 15 °C*).	14	11	9	6	3 . 30	26						
• Arrosez régulièrement, repiquez, plantez, binez.		3 . 20	1 . 18 . 28	15 . 25	12 . 22	8 . 18	6 . 16	2 . 12 . 29	8 . 26	6 . 23		
• Récoltez.			9	6	3 . 30	26	23	20	17	14	10	

La culture du légume est expliquée à la date encerclée.

* Température idéale du sol pour une bonne germination.

AU POTAGER : les légumes-feuilles

- Semez et plantez en serre, sous abri ou en pleine terre selon la saison et le climat de votre jardin.
- Semez en Lune montante en Poissons ♓.
- Plantez, binez, buttez en Lune descendante en Cancer ♋ ou en Scorpion ♏.

	jan.	fév.	mars	avril	mai	juin	juil.	août	sept.	oct.	nov.	déc.
Asperge												
• Préparez et enrichissez le sol.	8.25	5.22								7.24	4.21	
• Plantez des griffes de 1 ou 2 ans.			3.20.30	16.27								
• Binez, buttez.			30	16.27								
• Récoltez les anciennes plantations.				7	6							
• Coupez, brûlez, débuttez, apportez du compost.										24	4.21	1.18.28
Cardon												
• Préparez et enrichissez le sol.			3.20.30	16.27						7.24	4.21	
• Semez (sol à 10 °C*).					6							
• Éclaircissez, binez, arrosez.					24	10.20	7.17	4.14.31	10.27	7.24		
• Buttez, blanchissez.								4.14.31	10.27	7.24	4.21	
• Récoltez.									19	17	13	10
Céleri à côtes												
• Préparez et enrichissez le sol.		5.22	3.20.30									
• Semez (sol à 12 °C*).			11	7	6							
• Repiquez, plantez, binez.				16.27	14.24	10.20	7.17	4.14.31	10.27			
• Buttez, blanchissez.						10.20	7.17	4.14.31	10.27	7.24	4.21	
• Récoltez.								23	19	17	13	10
Endive												
• Replantez, forcez. Établissez plusieurs vagues de forçage selon vos besoins.	8.25	5.22	3.20.30							7.24	4.21	1.18.28
Épinard												
• Préparez et enrichissez le sol.	8.25	5.22					7.17	4.14.31	10.27	7.24	4.21	
• Semez (sol à 12 °C*).		12	11	7				23	19			
• Éclaircissez, binez.			3.20.30	16.27					10.27	7.24	4.21	
• Récoltez.	16	12	11	7	6					17	13	10
Fenouil doux												
• Préparez et enrichissez le sol.			3.20.30									
• Semez (sol à 12 °C*).				7	6	1 ; 28	25	23				
• Éclaircissez, plantez, buttez.					14.24	10.20	7.17	4.14.31	10	7.24	4.21	
• Récoltez.							25	23	19	17	13	10
Poirée												
• Préparez et enrichissez le sol.			3.20.30							7.24	4.21	
• Semez (sol à 10 °C*).				7	6	1.28						
• Éclaircissez, binez.					14.24	10.20	7.17	4.14.31	10.27	7.24		
• Récoltez.			11	7	6		25	23	19	17	13	

La culture du légume est expliquée à la date encerclée.

* Température idéale du sol pour une bonne germination.

AU POTAGER : des choux toute l'année

- Semez et plantez en serre, sous abri ou en pleine terre.
- Semez en Lune montante en Poissons ♓.
- Éclaircissez, repiquez, plantez, binez en Lune descendante en Cancer ♋ ou en Scorpion ♏.

		jan.	fév.	mars	avril	mai	juin	juil.	août	sept.	oct.	nov.	déc.
Chou de Bruxelles													
'Génius'	Préparez et enrichissez le sol.		5.22	3.20.30	16.27						7.24	4.21	
'Rubine'	Semez en pépinière.			**11**	7	**6**							
'Sanda'	Repiquez en pépi., entretenez.			**30**	16.27	14.**24**	10.20						
	Plantez, entretenez.				16.**27**	14.24	10.**20**	7.17	4.14.31	10.27	7.24		
	Récoltez.									19	**17**	**13**	**10**
Chou cabus													
'Cœur de bœuf' 'Express'	Préparez et enrichissez le sol.		5.22	3.20.30	16.27						7.24	4.21	
'Marché de Copenhague'	Semez à chaud.	**16**	12										
	Repiquez en pépi., entretenez.		**5**.22	3.20.30									
	Plantez, entretenez.			**3**.20.30	16.27	14.24	10.20	7.17					
	Récoltez.						1.28	25	23				
'de Brunswick'	Semez en pépinière.			**11**	7	6			**23**				
'Quintal d'Alsace',	Repiquez en pépi., entretenez.			**30**	16.27	14.24	10			**10**.27			
'Tête noire 3', 'Tête de pierre'	Plantez, entretenez.				16.**27**	14.24	10.20	7.17	4.14.31	10.27	**7**.24	4.21	
	Récoltez.								23	19	17	13	10
Chou de Chine													
'Granaat' 'Monument'	Préparez et enrichissez le sol.					14.24	10.20						
'Yuki'	Semez en place en poquet.							**25**	23	19			
	Éclaircissez, entretenez.								4.14.31	10.27	7.24	4.21	
	Récoltez.									19	17	13	10
Chou kale													
'Redbor' 'Reflex'	Préparez et enrichissez le sol.		5.22	3.20.30	16.27						7.24	4.21	
'Vert demi-nain'	Semez en pépi.				7	**6**	1.28						
	Repiquez en pépi., entretenez.					14.**24**	10.20	7.17					
	Plantez, entretenez.					14.24	10.**20**	7.17	4.14.31	10.27	7.24	4.21	
	Récoltez.	16	12	11							17	13	**10**
Chou de Milan													
'de Pontoise 2' 'Gros des vertus 4'	Préparez et enrichissez le sol.		5.22	3.20.30	16.27						7.24	4.21	
'Wintessa'	Semez en pépi.					**6**	1.28						
	Repiquez en pépi., entretenez.					**24**	10.20	7.17					
	Plantez, entretenez.						10.**20**	7.17	4.14.31	10.27	7.24	4.21	
	Récoltez.	16	12	11							17	13	**10**

La culture du légume est expliquée à la date encerclée.

AU POTAGER : des salades toute l'année

- Semez et plantez en serre, sous abri ou en pleine terre.
- Semez en Lune montante en Poissons ♓.
- Éclaircissez, repiquez, plantez, binez en Lune descendante en Cancer ♋ ou en Scorpion ♏.

		jan.	fév.	mars	avril	mai	juin	juil.	août	sept.	oct.	nov.	déc.
Les chicorées													
frisées													
'de Meaux'	Semez.			11	7	6	1.28	25					
'de Ruffec'	Repiquez, plantez, entretenez.			30	16.27	14.24	10.20	7.17	4.14.31	10.27	7.24	4.21	
scaroles													
'Grosse bouclée 2'	Semez.			11	7	6	1.28	25					
'Natacha'	Repiquez, plantez, entretenez.			30	16.27	14.24	10.20	7.17	4.14.31	10.27	7.24	4.21	
sauvages													
'Barbe-de-capucin'	Semez.					6	1.28						
'Pain-de-sucre'	Éclaircissez, entretenez.						10.20	7.17	4.14.31	10.27	7.24	4.21	
italiennes													
'Rouge de Trévise'	Semez.					6	1.28						
	Éclaircissez, entretenez.						10.20	7.17	4.14.31	10.27	7.24	4.21	
Les cressons													
alénois	Semez.	16	12	11	7	6	1.28	25	23	19	17	13	10
de jardin	Semez.			11	7	6	1.28						
Les laitues													
à couper													
'Red Salad Bowl'	Semez.	16	12	11	7	6	1.28	25	23	19			
	Repiquez, plantez, entretenez.		5.22	3.20.30	16.27	14.24	10.20	7.17	4.14.31	10.27	7.24	4.21	
batavias													
'Rossia'	Semez.	16	12	11	7	6	1.28	25	23	19			
	Repiquez, plantez, entretenez.		5.22	3.20.30	16.27	14.24	10.20	7.17	4.14.31	10.27	7.24	4.21	
d'hiver													
'Brune d'hiver'	Semez.								23	19			
'Merveille d'hiver'	Repiq., plantez, entre.	8.25	5.22	3.20.30	16.27	14.24				10.27	7.24	4.21	1.18.28
pommées													
'Sucrine'	Semez.	16	12	11	7	6	1.28	25	23				
'Appia'	Repiquez, plantez, entretenez.		5.22	3.20.30	16.27	14.24	10.20	7.17	4.14.31	10.27	7.24		
romaines													
'Blonde maraîchère'	Semez.		12	11	7	6	1.28	25	23				
	Repiquez, plantez, entretenez.			3.20.30	16.27	14.24	10.20	7.17	4.14.31	10.27	7.24		
La mâche													
'Coquille de Louviers'	Semez.							25	23	19			
Le pissenlit													
'à Cœur plein	Semez.		12	11	7	6	1.28						
amélioré'	Arrachez, plantez.				16.27	14.24	10.20	7.17	4.14.31				
Le pourpier													
'Doré à larges feuilles'	Semez.	16	12	11	7	6	1.28	25	23				10
La roquette	Semez.		12	11	7	6	1.28	25	23	19			

La culture du légume est expliquée à la date encerclée.

AU POTAGER : les plantes aromatiques

- Semez et plantez en serre, sous abri ou en pleine terre selon la saison et le climat de votre jardin.
- Semez en Lune montante en Poissons ♓.
- Plantez, divisez, taillez en Lune descendante en Cancer ♋ ou en Scorpion ♏.

		jan.	fév.	mars	avril	mai	juin	juil.	août	sept.	oct.	nov.	déc.
Vivaces													
Ache	Semez.								23				
	Éclaircissez.									10 . 27			
	Plantez, divisez.			3 . 20 . 30	16 . 27	14 . 24							
	Rabattez les touffes.										7 . 24	4 . 21	
Ciboule, ciboulette	Semez.		12	11	7								
	Éclaircissez, repiquez.			3 . 20 . 30	16 . 27	14 . 24							
	Plantez, divisez.			3 . 20 . 30	16 . 27	14 . 24				10 . 27	7 . 24		
Estragon	Plantez, divisez.			3 . 20 . 30	16 . 27	14 . 24							
	Rabattez, protégez.										7 . 24	4 . 21	
Laurier	Plantez, taillez.			3 . 20 . 30	16 . 27	14 . 24				10 . 27	7 . 24		
	Bouturez.								4 . 14 . 31	10 . 27			
Mélisse	Semez.					6	1 . 28						
	Plantez, divisez.			3 . 20 . 30	16 . 27	14 . 24				10 . 27	7 . 24		
Menthe	Plantez, divisez.			3 . 20 . 30	16 . 27	14 . 24							
	Rabattez les touffes.						10 . 20	7 . 17			7 . 24	4 . 21	
Origan	Semez.			11	7	6				19			
	Plantez, divisez.			3 . 20 . 30	16 . 27	14 . 24				10 . 27	7 . 24		
Oseille	Semez.		12	11	7	6	1 . 28						
	Plantez, divisez.		5 . 22	3 . 20 . 30	16 . 27	14 . 24					7 . 24	4 . 21	
Romarin	Plantez.			3 . 20 . 30	16 . 27	14 . 24							
	Bouturez.				16 . 27	14 . 24			4 . 14 . 31	10 . 27			
Sarriette	Plantez.			3 . 20 . 30	16 . 27	14 . 24				10 . 27			
	Bouturez.								4 . 14 . 31	10 . 27			
Sauge	Plantez, taillez.			3 . 20 . 30	16 . 27	14 . 24							
	Bouturez.								4 . 14 . 31	10 . 27			
Thym	Semez.				7	6							
	Plantez, divisez.			3 . 20 . 30	16 . 27	14 . 24				10 . 27	7 . 24		
	Taillez.						10 . 20	7 . 17					
Les annuelles													
Aneth	Semez clair.				7	6	1 . 28						
Basilic	Semez sous abri.			11	7								
	Repiquez, plantez.				16 . 27	14 . 24							
Cerfeuil	Semez sous abri.	16	12								17		
	Semez au soleil.			11	7					19			
	Semez à l'ombre.					6	1 . 28	25	23				
	Éclaircissez, coupez les fleurs.		5 . 22	3 . 20 . 30	16 . 27	14 . 24	10 . 20	7 . 17	4 . 14 . 31	10 . 27	7 . 24	4 . 21	
Coriandre	Semez.				7	6	1 . 28			19			
Marjolaine	Semez.			11	7	6				19			
Persil	Semez.		12	11	7	6	1 . 28	25	23	19			
	Éclaircissez, coupez les fleurs.			3 . 20 . 30	16 . 27	14 . 24	10 . 20	7 . 17	4 . 14 . 31	10 . 27	7 . 24		

La culture du légume est expliquée à la date encerclée.

AU POTAGER : les légumes-racines

- Semez et plantez en serre, sous abri ou en pleine terre selon la saison et le climat de votre jardin.
- Semez en Lune montante en Taureau ♉ ou en Capricorne ♑.
- Effectuez tous les autres travaux en Lune descendante en Vierge ♍.

	jan.	fév.	mars	avril	mai	juin	juil.	août	sept.	oct.	nov.	déc.
Ail												
• Plantez, binez.	3.30	1.26	27							3.30	27	23
• Récoltez.					18	16	13	8				
Betterave												
• Semez (sol à 10 °C*).			7.15	4.12	1.9.28	5.25						
• Éclaircissez, binez.				21	18	16	13	8	4	3.30		
• Récoltez.						16	13	8	4	3.30	27	
Carotte												
• Semez (sol à 10 °C*).	12.21	9.17	7.15	4.12	1.9.28	5.25	3.22.30		15.23	12.20	8.16	
• Désherbez, éclaircissez.		1.26	27	21	18	16	13	8	4	3.30		
• Récoltez.				21	18	16	13	8	4	3.30	27	
Céleri-rave												
• Semez (sol à 12 °C*).		9.17	7.15	4.12	1.9.28							
• Repiquez 2 fois, plantez.		26	27	21	18	16	13	8				
• Récoltez.							13	8	4	3.30	27	
Crosne												
• Plantez.		26	27	21								
• Binez, désherbez.				21	18	16	13	8	4	3.30		
• Récoltez.	3.30	1.26	27	21						3.30	27	23
Échalote												
• Plantez, désherbez.	3.30	1.26	27	21	18	16	13			3.30	27	23
• Récoltez.							13	8				
Endive												
• Semez (sol à 14 °C*).					1.9.28	5.25						
• Éclaircissez, désherbez.					18	16	13	8	4	3.30		
• Arrachez pour replanter**.										3.30		
Navet												
• Semez (sol à 15 °C*).	12.21	9.17	7.15	4.12	1.9.28	5.25	3.22.30	18.26				
• Éclaircissez, binez, arrosez.		1.26	27	21	18	16	13	8	4			
• Récoltez.				21	18	16	13	8	4	3.30		
Oignon blanc												
• Semez (sol à 10 °C*).	12.21	9.17	7.15	4.12				18.26	15			
• Éclaircissez, plantez, binez.			27	21	18	16			4	3.30	27	
• Récoltez.					18	16						
Oignon de couleur												
• Semez (sol à 10 °C*).	12.21	9.17	7.15	4.12				18.26	15			
• Éclaircissez, plantez, binez.			27	21	18	16	13		4	3.30	27	
• Récoltez.							13	8				
Poireau												
• Semez (sol à 10 °C*).	12.21	9.17	7.15	4.12	1.9.28			18.26	15.23			
• Éclaircissez, plantez, binez.		1.26	27	21	18	16	13	8	4	3.30	27	
• Récoltez.	3.30	1.26	27	21	18	16	13	8	4	3.30	27	23
Pomme de terre												
• Plantez.		1.26	27	21								
• Buttez, binez, récoltez.			27	21	18	16	13	8	4			
Radis												
• Semez (sol à 12 °C*).	12.21	9.17	7.15	4.12	1.9.28	5.25	3.22.30	18.26	15.23	12.20	8.16	5.14
• Éclaircissez, récoltez.	3.30	1.26	27	21	18	16	13	8	4	3.30	27	23
Salsifis, scorsonère												
• Semez (sol à 15 °C*).			7.15	4.12	1.9.28		30	18.26				
• Éclaircissez, binez, pincez.				21	18	16	13	8	4	3.30		
• Récoltez.	3.30	1.26	27							3.30	27	23

La culture du légume est expliquée à la date encerclée.

* Température idéale du sol pour une bonne germination. ** Voir la suite en légumes-feuilles.

AU POTAGER : les légumes-fruits

- Semez et plantez en serre, sous abri ou en pleine terre selon la saison et le climat de votre jardin.
- Semez en Lune montante en Bélier ♈ ou en Sagittaire ♐.
- Effectuez tous les autres travaux en Lune descendante en Lion ♌.

	jan.	fév.	mars	avril	mai	juin	juil.	août	sept.	oct.	nov.	déc.
Aubergine												
• Semez (au chaud à 20 °C*).		7.15	5.13	2.10.29								
• Repiquez, plantez, taillez.			22	18	15	12	9	5				
• Récoltez.							1.20.28	16.24	13.21	10.18		
Concombre et cornichon												
• Semez (sol à 18 °C*).			5.13	2.10.29	7.26	4.23						
• Éclaircissez, plantez, taillez.				18	15	12	9	5	1.29			
• Récoltez.						4.23	1.20.28	16.24	13.21	10.18		
Courge et courgette												
• Semez (sol à 14 °C*).			5.13	2.10.29	7.26	4.23	1.20					
• Éclaircissez, plantez, taillez.				18	15	12	9	5				
• Récoltez.							1.20.28	16.24	13.21	10.18		
Fève												
• Semez (sol à 8-10 °C*).	11.19	7.15	5.13							10.18	6.15	3.31
• Binez, buttez, étêtez.	2.27	23	22	18	15	12	9				22	20
• Récoltez.				2.10.29	7.26	4.23	1.20.28	16.24				
Haricot												
• Semez (sol à 10-12 °C*).				2.10.29	7.26	4.23	1.20.28					
• Binez, buttez.					15	12	9	5	1.29			
• Récoltez.						4.23	1.20.28	16.24	13.21	10.18		
Melon												
• Semez (sol à 20 °C*).			5.13	2.10.29	7.26							
• Repiquez, plantez, taillez.				18	15	12	9	5				
• Récoltez.							1.20.28	16.24	13.21			
Piment et poivron												
• Semez (au chaud à 20 °C*).		7.15	5.13									
• Repiquez, plantez, taillez.			22	18	15	12	9	5				
• Récoltez.							1.20.28	16.24	13.21	10.18		
Pois à grains ridés												
• Semez (sol à 10 °C*).			5.13	2.10.29	7.26							
• Binez, buttez.				18	15	12	9					
• Récoltez.						4.23	1.20.28					
Pois à grains ronds												
• Semez (sol à 10 °C*).	11.19	7.15	5.13	2.10.29						10.18	6.15	3.31
• Binez, buttez.	2.27	23	22	18	15							
• Récoltez.				2.10.29	7.26	4.23						
Tomate												
• Semez (sol à 16-20 °C*).		7.15	5.13									
• Repiquez, plantez, taillez.			22	18	15	12	9	5	1.29			
• Récoltez.						23	1.20.28	16.24	13.21	10.18		
Fraisier												
• Plantez.			22	18				5	1.29			
• Récoltez.					26	4.23	1.20.28	16.24	13.21	10.18		

La culture du légume est expliquée à la date encerclée.

* Température idéale du sol pour une bonne germination.

AU VERGER : les fruitiers et les petits fruits

- Plantez, taillez, traitez, éclaircissez, bouturez en Lune descendante en Lion ♌.
- Greffez en Lune montante en Bélier ♈ ou en Sagittaire ♐.

	jan.	fév.	mars	avril	mai	juin	juil.	août	sept.	oct.	nov.	déc.
Arbres et arbustes à fruits												
Plantez												
• Préparez les trous de plantation, fertilisez.	2 . 27	23	22	18				5	1 . 29	26	22	20
• Installez les arbres fruitiers et les arbustes à petits fruits.	2 . 27	23	22	18					1 . 29	26	22	20
Taillez												
• Les arbres à pépins (pommiers, poiriers) et la vigne.	2 . 27	23	22								22	20
• Les abricotiers, pêchers.		23	22									
• Les petits fruits.	2 . 27	23	22					5	1 . 29			
• En vert, pommiers, poiriers, vigne.						12	9	5	1			
• Après la récolte, les abricotiers, pêchers.								5	1 . 29			
Traitez tous les arbres												
• À l'huile blanche, en hiver.	2 . 27	23									22	20
• À la bouillie bordelaise 2 fois par an : avant le débourrement et à la chute de feuilles.		23	22							26	22	
Éclaircissez												
• Les pommiers, poiriers, pêchers...					15	12						
Multipliez												
• Bouturez les petits fruits.	27	23	22								22	20
• Greffez les fruitiers.			5 . 13	2 . 10 . 29			1 . 20 . 28	16 . 24				
• Marcottez la vigne, l'actinidia.			22	18	15	12				26	22	
Les oliviers												
• Plantez.			22									
• Taillez, traitez.		23	22							26	22	
• Fertilisez.				18	15		9			26		

LE BOIS D'ŒUVRE ET DE CHAUFFAGE

	jan.	fév.	mars	avril	mai	juin	juil.	août	sept.	oct.	nov.	déc.
Abattez les grands arbres, débitez les troncs, fendez les bûches.	**en Lune descendante :** du 1er au 9 janvier, du 23 janvier au 6 février, du 20 février au 4 mars, du 18 au 31 mars.									**en Lune descendante :** du 1er au 8 octobre, du 22 octobre au 5 novembre, du 19 novembre au 2 décembre, du 16 au 29 décembre.		

La culture de la plante est expliquée à la date encerclée.

Au jardin d'ornement : toutes les fleurs

- Éclaircissez, repiquez, plantez, taillez, bouturez, marcottez, divisez, fertilisez en Lune descendante en Gémeaux ♊ ou en Balance ♎.
- Semez, greffez en Lune montante en Verseau ♒.

	jan.	fév.	mars	avril	mai	juin	juil.	août	sept.	oct.	nov.	déc.
Rosiers												
'Annapurna', 'Iceberg', 'The Fairy', 'Amber Queen', 'Pierre de Ronsard', 'le Grand Huit', 'Westerland'… Plantez.	7.24	3.20	1.18.28								2.19.29	17.27
Taillez les remontants,		3.20	1.18.28							6.23	2.19.29	
les non remontants,							6.16	2.12.29				
les fleurs fanées.					12.22	8.18	6.16	2.12.29	8.26	6.23		
Bouturez.								2.12.29	8.26			
Fertilisez.		3.20	1.18.28			8.18	6.16				2.19.29	17.27
Greffez en écusson.							23	20	17			
Grimpantes vivaces												
Clématite, chèvrefeuille, glycine… Plantez.	7.24	3.20	1.18.28	15.25					8.26	6.23	2.19.29	17.27
Taillez.		3.20	1.18.28									
Marcottez.				15.25	12.22	8.18	6.16	2.12.29	8.26			
Arbustes à floraison printanière ou estivale												
Magnolia, forsythia, lilas, deutzia, rhododendron, hortensia… Plantez.	7.24	3.20	1.18.28	15.25					8.26	6.23	2.19.29	17.27
Taillez.			1.18.28	15.25	12.22	8.18				6.23		
Bouturez.			1.18.28	15.25	12.22	8.18	6.16	2.12.29	8.26			
Fertilisez.		3.20	1.18.28								2.19.29	17.27
Greffez.		11	9			26	23	20	17			
Fleurs annuelles												
Capucine, pétunia, zinnia, clarkia… Semez.	14	11	9	6	3.30	26		20	17			7
Éclaircissez, repiquez, plantez.		3.20	1.18.28	15.25	12.22	8.18	6.16		8.26	6.23		
Fleurs bisannuelles												
Giroflée, myosotis, pâquerette, pensée… Semez.					3.30	26	23	20				
Éclaircissez, repiquez, plantez.							6.16	2.12.29	8.26	6.23		
Fleurs vivaces												
Pavot d'Orient, rose trémière, ancolie, aster, pivoine… Semez.			9		3.30	26	23	20		14	10	
Éclaircissez, repiquez, plantez.			1.18.28	15.25		8.18	6.16	2.12.29	8.26	6.23	2.19.29	
Divisez.			1.18.28	15.25				2.12.29	8.26	6.23		
Bulbes vivaces												
- à floraison printanière : Perce-neige, crocus, anémone, narcisse, jacinthe, tulipe… Plantez.		3.20	1.18.28						8.26	6.23	2.19.29	
Divisez.		3.20	1.18.28		12.22	8.18						
- à floraison estivale : Lis de la Madone Plantez.								2.12.29	8.26			
Autres lis Plantez.		3.20	1.18.28						8.26	6.23	2.19.29	
Canna, dalhia, glaïeul… Plantez.		3.20	1.18.28	15.25	12.22							
Pincez.					12.22	8.18	6.16	2.12.29				
Arrachez.										6.23	2.19.29	
Rhizomes vivaces												
Iris… Plantez, divisez.							6.16	2.12.29	8.26			

La culture de la plante est expliquée à la date encerclée.

AU JARDIN D'ORNEMENT :

- Plantez, taillez, élaguez, coupez les tuteurs, débroussaillez, bouturez en Lune descendante en Cancer ♋ ou en Scorpion ♏.

les arbres, arbustes, grimpantes à feuilles

		jan.	fév.	mars	avril	mai	juin	juil.	août	sept.	oct.	nov.	déc.
Conifères - Cèdre, cyprès, thuya, pin, sapin...	Plantez.		5.22	3.20.30	16.27					10.27	7.24		
	Taillez.			3.20.30	16.27				4.14.31	10.27			
	Bouturez.								4.14.31	10.27			
Arbres, arbustes à feuillage persistant - Buis, éléagnus, fusain, houx, laurier-palme...	Plantez.		5.22	3.20.30	16.27					10.27	7.24	4.21	
	Taillez.		5.22	3.20.30	16.27	14.24	10.20		4.14.31	10.27			
	Bouturez.		5.22	3.20.30					4.14.31	10.27			
Arbres, arbustes à feuillage caduc - Bouleau, charme, érable, hêtre, peuplier, platane, prunellier, saule...	Plantez.	8.25	5.22	3.20.30	16.27					10.27	7.24	4.21	1.18.28
	Taillez.		5.22	3.20.30	16.27		10.20	7.17	4.14.31	10.27			
	Élaguez.	8.25	5.22									4.21	1.18.28
	Coupez les tuteurs.	8.25	5.22									4.21	1.18.28
	Débroussaillez.						10.20	7.17	4.14.31				
	Bouturez.		5.22	3.20.30			10.20	7.17	4.14.31	10.27	7.24	4.21	1.18.28
Grimpantes à feuillage caduc ou persistant - Lierre, vigne vierge...	Plantez.		5.22	3.20.30	16.27					10.27	7.24	4.21	1.18.28
	Taillez.			3.20.30		14.24	10.20	7.17	4.14.31				
	Bouturez.			3.20.30	16.27					10.27	7.24	4.21	

- Semez en Lune montante en Poissons ♓.
- Effectuez tous les autres travaux en Lune descendante en Cancer ♋ ou en Scorpion ♏.

la pelouse

		jan.	fév.	mars	avril	mai	juin	juil.	août	sept.	oct.	nov.	déc.
La nouvelle pelouse	Préparez le sol.		5.22	3.20.30	16.27			17	4.14.31	10			
	Étalez du compost.		5.22	3.20.30	16.27			17	4.14.31	10			
	Nivelez, ratissez, roulez.		5.22	3.20.30	16.27			17	4.14.31	10			
	Semez.				7	6			23	19			
Entretien annuel	Scarifiez.			3.20.30	16.27								
	Désherbez.			3.20.30	16.27	14.24				10.27	7.24		
	Fertilisez.			3.20.30	16.27							4.21	1.18.28
	Tondez, arrosez.			3.20.30	16.27	14.24	10.20	7.17	4.14.31	10.27	7.24		
Zones dégarnies	Griffez le sol, terreautez, roulez.			3.20.30	16.27				4.14.31	10			
	Semez, roulez, arrosez.				7	6				19			

En hiver, ne marchez pas sur votre pelouse s'il gèle ou en cas de neige, vous l'abîmeriez.

La culture de la plante est expliquée à la date encerclée.

Index

Collaboration rédactionnelle : Thérèse Trédoulat

Crédits photographiques
- ***Couverture :*** Shutterstock.
- ***Intérieur :*** B&G Médias/Rustica : 41 ; Éric Brenckle/Rustica : 2 d, 36-37, 47, 59, 61, 65, 83, 85, 87 ; Christian Hochet/Rustica : 67, 69 ; Frédéric Marre/Rustica : 43, 45, 57, 63, 71, 73, 75, 77, 79, 81 ; Alexandre Petzold/Rustica : 49, 51, 53, 55 ; Virginie Quéant/Rustica : 3 g, 3 d, 88-89, 106-107.
- ***Poster :*** Philippe Moussette (têtière) ; Shutterstock (autres photos).

Illustrations
Infographies : Michel Marin
Courbes poster : Laurent Blondel
Pictogrammes : Michel Marin
Dessins pp. 10 et 11 : Isabelle Frances

Direction : Guillaume Pô
Direction éditoriale : Élisabeth Pegeon
Édition : Liza Person-Lisiecki
Direction artistique : Julie Mathieu
Mise en pages : Véronique Sommeilly
Direction de fabrication : Thierry Dubus
Fabrication : Morgane Lajeunesse

Photogravure : Apex

Sources données lunaires : Institut de Mécanique Céleste, www.imcce.fr
Sources coefficients des marées :
Reproduction des prédictions de marées du SHOM pour Brest – non vérifiée par le SHOM et réalisée sous la seule responsabilité de l'éditeur – numéro d'autorisation 2023-169.

Dépôt légal : août 2023
www.rusticaeditions.com
1re édition
ISBN : 978-2-8153-2065-8
Code MDS : RU20658
N° d'édition : 23L0367

PEFC
PEFC/14-38-00260
Certifié PEFC
Ce produit est issu de forêts gérées durablement et de sources contrôlées
www.pefc-france.org

Rustica éditions s'engage pour la planète : cet ouvrage est imprimé de façon écoresponsable sur du papier certifié PEFC™ issu de forêts gérées de façon durable.

Achevé d'imprimer en juillet 2023 par Edelvives (Espagne).